QUEM FAZ, ENRIQUECE
FAÇA O QUE PRECISA SER FEITO E PROSPERE

Editora Appris Ltda.
1.ª Edição - Copyright© 2023 dos autores
Direitos de Edição Reservados à Editora Appris Ltda.

Nenhuma parte desta obra poderá ser utilizada indevidamente, sem estar de acordo com a Lei nº 9.610/98. Se incorreções forem encontradas, serão de exclusiva responsabilidade de seus organizadores. Foi realizado o Depósito Legal na Fundação Biblioteca Nacional, de acordo com as Leis nºs 10.994, de 14/12/2004, e 12.192, de 14/01/2010.

Catalogação na Fonte
Elaborado por: Josefina A. S. Guedes
Bibliotecária CRB 9/870

P324q
2023
	Paula, Eder de
	    Quem faz, enriquece : faça o que precisa ser feito e prospere / Eder de Paula . – 1. ed. – Curitiba : Appris, 2023.
	    183 p. ; 23 cm.
	
	    Inclui referências.
	    ISBN 978-65-250-4519-1
	
	    1. Educação financeira. 2. Finanças. I. Título.
	
	                                                     CDD – 332.024

Livro de acordo com a normalização técnica da ABNT

Appris
editora

Editora e Livraria Appris Ltda.
Av. Manoel Ribas, 2265 – Mercês
Curitiba/PR – CEP: 80810-002
Tel. (41) 3156 - 4731
www.editoraappris.com.br

Printed in Brazil
Impresso no Brasil

Eder de Paula

QUEM FAZ, ENRIQUECE
FAÇA O QUE PRECISA SER FEITO E PROSPERE

FICHA TÉCNICA

EDITORIAL	Augusto Vidal de Andrade Coelho
	Sara C. de Andrade Coelho
COMITÊ EDITORIAL	Marli Caetano
	Andréa Barbosa Gouveia (UFPR)
	Jacques de Lima Ferreira (UP)
	Marilda Aparecida Behrens (PUCPR)
	Ana El Achkar (UNIVERSO/RJ)
	Conrado Moreira Mendes (PUC-MG)
	Eliete Correia dos Santos (UEPB)
	Fabiano Santos (UERJ/IESP)
	Francinete Fernandes de Sousa (UEPB)
	Francisco Carlos Duarte (PUCPR)
	Francisco de Assis (Fiam-Faam, SP, Brasil)
	Juliana Reichert Assunção Tonelli (UEL)
	Maria Aparecida Barbosa (USP)
	Maria Helena Zamora (PUC-Rio)
	Maria Margarida de Andrade (Umack)
	Roque Ismael da Costa Güllich (UFFS)
	Toni Reis (UFPR)
	Valdomiro de Oliveira (UFPR)
	Valério Brusamolin (IFPR)
SUPERVISOR DA PRODUÇÃO	Renata Cristina Lopes Miccelli
ASSESSORIA EDITORIAL	Nicolas da Silva Alves
REVISÃO	Mateus Soares de Almeida
PRODUÇÃO EDITORIAL	Nicolas da Silva Alves
DIAGRAMAÇÃO	Andrezza Libel
CAPA	Lívia Costa

*Este livro é dedicado à minha esposa, que sempre esteve comigo,
me apoiando, incentivando e agregando conhecimento
e sabedoria, que me faz crescer a cada dia.*

Aos meus filhos, que são e sempre serão minha maior inspiração.

AGRADECIMENTOS

Primeiramente, agradeço a DEUS, por me dar sabedoria e discernimento para produzir uma obra tão rica como essa, que vai ajudar milhões de pessoas pelo mundo.

Agradeço à minha mãe — uma mulher batalhadora, guerreira, que venceu todas as dificuldades impostas pela vida com muita sabedoria e humildade, para cuidar de mim e meus irmãos, dedicando sua vida à nossa criação.

Aos meus irmãos que, para mim, são como filhos, visto que, por ser mais velho, sempre procurei ajudar meus pais na criação deles.

A meu cunhado e sócio, com quem, juntos, construímos uma história de sucesso nos negócios do segmento de construção civil.

A meu sogro e sogra, que ajudaram bastante minha esposa e eu, principalmente no início de vida a dois.

E a toda minha família e amigos, que sempre me incentivaram a levar o meu conhecimento adquirido a mais pessoas.

APRESENTAÇÃO

Conhecimento é um privilégio que DEUS nos deu. Temos que valorizar muito essa dádiva, porém ele nos disse: "Faça a sua parte, que a minha eu já fiz".

O que isso quer dizer: muitos entendem que a palavra que Ele nos deixou foi "faça a sua parte que da minha lhe ajudarei", mas isso é uma interpretação distorcida, porque DEUS já fez a parte dele primeiro, que foi te dar o privilégio de viver entre os homens nessa Terra, durante algum tempo — Ele decide quanto. E o restante só depende de você.

Todos nós tivemos o mesmo privilégio de Deus, pois o pai de todos jamais vai ajudar mais um filho do que o outro. Entendeu a PALAVRA DE DEUS?

Portanto, tudo que você quiser realizar, você consegue, só depende de você. O papel de DEUS, Ele já fez, agora é com você.

Uma boa leitura para você e conte comigo para lhe tirar qualquer dúvida que venha a ter.

Para iniciarmos essa transmissão de conhecimento por meio de palavras escritas, narradas ou sentidas (Braile), que se chama LIVRO, faremos agora uma poderosa oração, que aconselho você a executar sempre que for em busca de conhecimento e sabedoria:

"Senhor meu DEUS, obrigado por poder enxergar essas palavras, ouvir essa voz ou tocar esses símbolos que me fazem ver.

Agradeço-lhe por essa oportunidade única concedida a mim e lhe garanto que darei o meu melhor para entender a mensagem que estão me transmitindo.

Eu te peço, Senhor: dei-me sabedoria para entender essas palavras que vou ler, ouvir ou sentir agora nesse momento.

Que eu consiga ter o discernimento correto sobre essa mensagem que chegou a mim e entender todo seu significado.

E por meio desse novo conhecimento adquirido, SENHOR, transformá-lo em sabedoria de vida, para ajudar no meu propósito. AMÉM"

Antes de iniciar sua busca por esse novo conhecimento que vou lhe transmitir, e imagino esteja ansioso para adquirir, vou contar uma pequena e resumida história de sucesso, justamente para te motivar a colocar em prática tudo que está escrito neste livro.

SOBRE O AUTOR – UMA HISTÓRIA DE SUCESSO

Um breve relato sobre o autor.
Se você entender o significado da mensagem, vai querer ler este livro o quanto antes e colocar em prática todos os seus ensinamentos...

Nasce na capital Goiânia, em 3 de março de 1983, o jovem chamado Eder Alves de Paula. Antes de completar um ano de idade, seus pais mudam-se para a zona rural do estado, para o município de Aragoiânia-GO, em uma região conhecida como "salobro". Eder morou em um grupo (escola rural) onde com 4 anos foi alfabetizado. Ali, no serviço rural, já aprendeu o significado de trabalho, visto que com 6 anos já ajudava nos serviços rotineiros de um sítio.

Em 1990, mudaram-se para uma cidade, saindo da rotina do sítio e iniciando a vida urbana no município de Abadia de Goiás. Foi matriculado na primeira série do primário pela idade, porém, por seu desempenho acima da média, já foi promovido para segunda série dois meses depois. Como tinha estudado em um grupo, em que várias crianças de séries diferentes frequentam a mesma sala de aula, acabou se desenvolvendo além da média para sua idade.

Com o costume do trabalho no sítio, sempre procurava alguma coisa para fazer na cidade e, com apenas 8 anos, já colhia frutas no cerrado e vendia para uma fábrica de doces, conseguindo assim sua primeira renda.

Aos 9 anos iniciou seu primeiro negócio. Sua mãe fabricava e ele vendia laranjinha (geladinho) nas casas e comércio da cidade, já conseguindo aumentar seus ganhos, pois as frutas que colhia para vender para fábrica de doces eram temporais e em apenas algumas épocas do ano havia colheita.

Aos 11 anos já conseguiu duas fontes de renda: trabalhava em uma lavoura de hortaliças durante a semana, após a escola, é claro, e nos fins de semana continuava a vender suas laranjinhas na beira dos campos e quadras de futebol.

Aos 14 anos conseguiu seu primeiro emprego fixo, na cidade de Goiânia, como "pró-jovem", para o qual precisava ir de ônibus coletivo (3 para ir e 3 para voltar), e teve que conciliar outra atividade que era o futebol, visto que nessa época jogava no Goiás E. C.

Iniciando uma rotina tripla, já que trabalhava de manhã, treinava futebol à tarde e estudava à noite — tendo ainda nos fins de semana os jogos —, teve que paralisar o negócio das vendas de laranjinhas (geladinho).

Aos 16 anos completou o segundo grau e, em seguida, aos 17, já ingressou na universidade, iniciando a graduação em Análise de Sistemas, pela Universidade Salgado de Oliveira. Porém, não concluiu o curso e migrou para uma licenciatura em Matemática.

Aos 19 anos, estudante de Matemática, iniciou o trabalho como professor de uma escola particular, onde lecionou por três anos. Nesse mesmo ano, passou no seu primeiro concurso público e com isso manteve-se em dois empregos, cursando também a universidade, e, infelizmente, devido a algumas lesões e à falta de oportunidade, se afastou do futebol profissional.

Aos 21 anos conseguiu uma bolsa integral do governo federal para cursar bacharel em Fisioterapia. Quatro anos depois se formou e foi trabalhar na área, abandonando assim a docência e dedicando-se ao trabalho na área da saúde.

E, com a rotina de sempre ter mais de um emprego, continuava assim sua jornada, sempre conciliando o trabalho com os estudos.

Muito ligado à matemática, aos 25 anos começou a trabalhar na bolsa de valores, sendo contratado pela XP Investimentos, uma corretora de valores, que hoje é a maior corretora independente do país. Se dedicou muito nessa época às finanças, cursando uma pós-graduação em Mercado Financeiro e Investimentos, pela Universidade Federal de Goiás, conseguindo a certificação da Ancord, com a qual se tornou de vez um Agente de Investimentos.

Se casou aos 26 anos, em setembro de 2009, conseguindo, com muito esforço, com a companhia de sua esposa, a tão sonhada casa própria. No ano seguinte, iniciou outro negócio próprio, começando a fazer casas para vender, juntamente com seu cunhado e sogro, como sócios, e, é claro, conciliando essa atividade com um emprego na bolsa de valores e outro no serviço público.

Dois anos depois, para impulsionar o negócio, ele e sua esposa venderam a casa própria e foram morar de aluguel, aplicando todo o dinheiro no novo empreendimento, mostrando que viam ali uma boa oportunidade de multiplicação de patrimônio, o que, de fato, deu muito certo.

Ficou apenas dez meses de aluguel e já adquiriu uma nova casa, financiando pelo Banco do Brasil, e nesse mesmo período abriu sua primeira empresa formal, uma construtora, em sociedade com seu cunhado. Iniciava ali uma outra fonte de renda, visto que, além das casas que fazia para vender, também começou a fazer obras particulares e públicas.

Com os negócios prosperando, já começou a usufruir do fruto do trabalho, fazendo várias viagens com esposa, conhecendo muitos lugares no Brasil e no exterior, conseguindo comprar carros bons e vendo seu patrimônio aumentando.

Em maio de 2014, conseguiu dar uma casa nova para seus pais, realizando o sonho de sua mãe, que era ter uma casa que tivesse cerâmica no chão e em que não se visse as telhas (forrada), visto que jamais pôde ter esse privilégio em todas as casas onde tinha residido até o momento.

Logo após realizar o sonho de sua mãe, Deus concebeu a benção do primeiro filho, que nasceu no início de janeiro de 2015, trazendo a maior felicidade que ele e a esposa puderam desejar.

Sua casa, financiada em 30 anos, ele vendeu e quitou o financiamento, pagando apenas 5 anos de parcelas, lhe trazendo mais uma vez um bom lucro, que lhe proporcionou a oportunidade de fazer outra casa, maior e mais planejada, pois, acompanhado de sua esposa, já tinham planos para o segundo filho.

No fim de 2018, em dezembro, nasce o segundo filho, que veio para completar a família e trazer ainda mais felicidades e realização.

Em agosto de 2019, abriu sua segunda empresa, de novo, com seu cunhado como sócio. Montaram uma loja de materiais para construção e, com isso, assumiram o posto de referência no segmento da construção civil na cidade, visto que seu sócio, engenheiro civil, já cuidava de toda parte de projetos. Fecharam assim o ciclo completo, com empresa de engenharia (somente do seu sócio), construtora e loja de materiais para construção.

Sem abandonar o serviço público, ainda conciliando as duas empresas, continua sua jornada de trabalho duplo, ou melhor, triplo, sempre visando aos investimentos e à multiplicação de patrimônio. Foi fazendo seus investimentos associado à sua esposa, companheira de todas as horas, e viram o resultado do fruto do trabalho e planejamento financeiro aparecer.

Em 2020, novamente vendeu sua casa por um valor que poucos acreditavam que pudesse ser vendida naquele município, e com isso voltou novamente a morar de aluguel. Porém, tudo era planejado, visto que já iniciava a nova casa da família, bem ampla, planejada, mais bem localizada na cidade e com uma arquitetura moderna, sendo o diferencial na construção civil do município.

Com uma visão empreendedora e de investidor, em parceria com seu sócio, comprou vários imóveis comerciais, frutos do lucro das suas empresas (construtora e loja de materiais para construção) e com isso vê seu patrimônio se multiplicando cada vez mais, já gerando renda passiva.

Em junho de 2022 monta sua terceira empresa, a "NOVA Negócios Digitais", que é uma empresa especializada em marketing digital, produção e comercialização de infoprodutos, consultoria e mentoria financeira, e produção de cursos em geral.

Em 15 de agosto de 2022, lança seu primeiro livro digital *Organize suas finanças e multiplique seu dinheiro*, visando a ajudar as pessoas a se organizarem financeiramente e aprender sobre investimentos.

Logo depois lança outro livro *Ganhe dinheiro, gastando dinheiro: uma forma inteligente de usar o cartão de crédito*, outra obra voltada a ajudar seus leitores a usarem o cartão de crédito de uma forma que gere renda, benefícios e retorno financeiro.

Pegando gosto pela literatura financeira, lança mais dois livros em 2022: *Aprenda a investir na bolsa de valores* e *Como viver de renda, investindo na bolsa de valores, montando sua carteira de dividendos e fundos imobiliários*, em que, com toda sua experiência de quatro anos trabalhando na bolsa e mais de dez anos atuando no mercado financeiro, consegue mostrar para seus leitores como é fácil investir em renda variável.

No início do ano de 2023, inicia sua quarta empresa, entrando como sócio investidor em uma agência de publicidade, que tem como ponto forte o marketing digital, fazendo gerenciamento de redes sociais, *web design*, criação e manutenção de sites, gestão de tráfego pago e orgânico, criação de logotipos, e todo tipo de arte para uso na publicidade, tanto de negócios locais como nacionais e internacionais, já visando ao crescimento exponencial, com planejamento montado para expansão, por meio de franquia, a partir de 2024.

Hoje, com 40 anos de idade, casado há 14 anos, pai de 2 filhos, tem um longo currículo, com graduações e pós-graduações, 22 anos de serviço público, é proprietário de quatro empresas e tem um patrimônio digno de orgulho, visto que passou muitas dificuldades na vida, veio de família bem humilde, estudou a vida toda em escola pública e foi bolsista nas universidades, mas não sucumbiu aos obstáculos para conseguir seus objetivos e alcançar tão cedo a sua independência financeira.

E, agora, vem, por meio deste pequeno resumo de sua jornada de vida, mostrar a seus leitores que tudo é possível. A maior graça já lhe foi concedida por DEUS, que é a sua vida. Com esse exemplo foi possível ver que, mesmo sem qualquer apoio financeiro, passando por todas as dificuldades relatadas, ele conseguiu prosperar financeiramente.

Portanto, qualquer um também pode ter sucesso e prosperar financeiramente, basta se organizar e ter disciplina com suas finanças, mantendo sempre o foco, independentemente das dificuldades que irão surgir pelo caminho. Dessa forma, os objetivos serão alcançados. Mas lembre-se: QUEM FAZ, ENRIQUECE... não fique só sonhando, planejando, projetando seu sucesso, vá atrás dele, com toda sua força e dedicação, e não desista NUNCA, independentemente dos obstáculos que encontrar pelo caminho.

Vamos iniciar essa jornada de conhecimento com tudo... BORA PARA CIMA!

SUMÁRIO

INTRODUÇÃO 19

CAPÍTULO 1
ORGANIZAÇÃO FINANCEIRA (*PRINCÍPIO DE TUDO*) 23

CAPÍTULO 2
CONHECENDO OS INVESTIMENTOS 35

CAPÍTULO 3
APRENDA A USAR O CARTÃO DE CRÉDITO COM INTELIGÊNCIA ... 53

CAPÍTULO 4
MULTIPLICAÇÃO DE PATRIMÔNIO 67

CAPÍTULO 5
VIVENDO DE RENDA PASSIVA... 133

CONCLUSÃO FINAL.. 179

REFERÊNCIAS 181

INTRODUÇÃO

QUEM FAZ, ENRIQUECE. O que isso quer dizer?
Simples assim:
Temos que fazer o que precisa ser feito, **sempre**, ou seja, não espere outra pessoa fazer você prosperar, que isso não vai acontecer.

Pode ser pesado isso que vou te falar, mas é necessário que se diga: você foi programado pelo sistema para ser pobre, não te ensinaram isso que vai aprender aqui na escola e nem na faculdade, por isso não espere a prosperidade chegar até você, vá atrás dela, com garra, foco, dedicação, sabedoria, disciplina e principalmente AÇÃO, e conseguirá alcançá-la, visto que não existe vitória sem luta.

Tudo que vem fácil vai fácil. Poderia te mostrar o monte de ditado popular aqui, mas o meu objetivo é te mostrar o caminho e não o destino.

Nem um pai, que quer sempre o melhor para o filho, consegue fazê-lo prosperar sem ele se esforçar. Mesmo que lhe dê tudo de mão beijada, ele não vai conseguir, porque não será algo duradouro e logo se acabará, pois o dinheiro viria muito facilmente e não haveria prosperidade. Se o filho entender a ideia que ele tem que fazer o que precisa ser feito, aí sim ele vai até conseguir superar seu pai e ser grato pelo apoio recebido dele.

Temos que entender que: "tempos difíceis criam homens fortes, homens fortes criam tempos fáceis. Tempos fáceis criam homens fracos, homes fracos criam tempos difíceis". Pegou a ideia?

O que quero que vocês aprendam neste livro é que a sua prosperidade financeira depende só de você. A colheita é inevitável. Então seja FORTE e não desista durante o percurso.

Te falei que "a colheita é inevitável", porém a qualidade e quantidade dos frutos da sua colheita vão depender da semente que você irá plantar, da dedicação que terá para fazê-la produzir, do solo em que vai colocá-la. Ou seja: semente ruim, em solo ruim, com cuidados ruins, produzirá que colheita? Entende o SIGNIFICADO?

Eu vou te falar umas verdades sobre dinheiro, organização financeira, investimentos, que a escola e a faculdade talvez não te falaram. Mas eu só posso te mostrar o caminho, não vou conseguir saber o seu destino final, isso vai depender da sua dedicação e disciplina em aplicar tudo que te mostrarei aqui. É por isso que existem muito mais pobres do que ricos no mundo, visto que os ricos fazem o que precisa ser feito e os pobres preferem dar desculpas, de todos os tipos, para não fazer, por isso não prosperam.

São conhecimentos tão simples os que te mostrarei neste livro que você até vai duvidar se é só isso mesmo. Mas, aplicando tudo à risca, a consequência será a sua prosperidade financeira, visto que, depois que apliquei tudo isso, prosperei.

Mas posso te dizer uma verdade: se entender a ideia e colocá-la em prática, a sua colheita será abundante, transbordante e inevitável.

Em tudo que for fazer na sua vida, primeiro coloque DEUS na frente, depois foque no conhecimento, na organização, no planejamento e, principalmente, na AÇÃO.

Primeiro mostrarei uma forma de organização financeira didática e de fácil entendimento, e o melhor, bem resumida, que se você seguir vai mudar sua vida.

Depois vou te mostrar os principais produtos de investimentos disponíveis no nosso mercado financeiro, tanto em renda fixa como em variável. Te aconselho, portanto, a se dedicar ao conhecimento dos investimentos depois que se organizar financeiramente, pois, se não tiver dinheiro sobrando no fim do mês, para que saber sobre investimentos? — Entendeu?

Posteriormente você irá aprender a usar um produto que para muitos é vilão, mas que, quando usado com inteligência, você vai perceber que é um herói: o CARTÃO DE CRÉDITO.

E depois que tiver com as finanças organizadas, sabendo usar o cartão de crédito com sabedoria, conhecendo tudo sobre investimentos, vamos passar para o próximo nível, ou seja, a parte que requer mais estudo, pois é variável, tem riscos, porém cujo retorno pode ser maior: a Bolsa de Valores. Ensinarei o necessário sobre ela — o que é, como funciona, quem fiscaliza, como investir.

E, para finalizar — espero que já esteja com um bom capital acumulado —, irei te mostrar formas de fazer o dinheiro trabalhar para você, ou seja, como montar uma carteira de ações e fundos imobiliários que pagam bons dividendos, que vão te proporcionar uma renda passiva.

Entendeu o ciclo que precisa percorrer para entender as finanças?

Primeiro, você precisa de organização: higienize tudo, mude sua rotina e seus hábitos com o dinheiro, para fugir da "corrida dos ratos" (sistema) pela qual você foi moldado desde seu nascimento, ou seja: ir para escola, depois faculdade, depois ter um emprego, receber benefícios assistenciais (INSS), aposentar-se e morrer.

Depois, aprenda a usar uma ferramenta que destrói suas finanças se for mal usada, que é o cartão de crédito. Dedique muita energia para aprender sobre isso, vai te ajudar bastante.

Posteriormente, após ter feito tudo isso com clareza e aplicar todas as teorias aqui mostradas, tenho certeza que poderá passar para o próximo nível, que é o conhecimento sobre investimentos, visto que, se não conseguir executar bem os dois conhecimentos primários dos capítulos I e II, você não vai ter dinheiro para investir, vai se frustrar, desistir da jornada e voltar para o sistema.

No capítulo IV, você vai aprender formas de multiplicação de patrimônio, que é uma fase que exige muito conhecimento técnico e sabedoria.

Avançando cada vez mais, vai chegar ao capítulo V, em que vou te mostrar como usufruir do fruto dos seus investimentos, ou seja, imagino que, com o conhecimento adquirido anteriormente aqui, já vai ter conseguido entender o sistema e já não estará sendo escravo do dinheiro, e sim o mestre dele.

Portanto, chegando ao final, tendo aplicado todo o conhecimento, creio que você alcançará a tão sonhada colheita e, para não perder tudo voltando à estaca zero, te mostrarei formas de manutenção perpétua dessa abençoada colheita, com a qual você não irá mais trabalhar pelo dinheiro, e sim fazer ele trabalhar para você, com vários investimentos focados em renda passiva, o que irá lhe trazer a liberdade do seu tempo, liberdade financeira e geográfica.

CAPÍTULO I

ORGANIZAÇÃO FINANCEIRA (*PRINCÍPIO DE TUDO*)

5 PASSOS PARA ORGANIZAR SUAS FINANÇAS

A cultura brasileira relacionada ao dinheiro não é o melhor modelo de organização financeira existente no mundo, longe disso. Não temos hábitos de juntar dinheiro. Infelizmente não nos ensinam isso na escola e a maioria dos pais não ensinam seus filhos a planejar o futuro. Somos imediatistas e, por isso, muita gente não consegue uma vida plena e organizada financeiramente, ou seja, gasta mais do ganha, e com isso vive no vermelho.

Nossa mentalidade está sempre voltada para o consumismo, de uma forma desorganizada e às vezes exagerada, sem pensar em futuro, sem ter nenhum planejamento financeiro, e, por isso, existem tantos brasileiros que não conseguem evoluir financeiramente, independentemente do quanto trabalham e quanto ganham.

Não existe segredo para se ter uma vida feliz e plena financeiramente, de conseguir ter uma casa própria, um bom carro, uma boa reserva financeira, conseguir bancar bons estudos para os filhos, viajar, ir a bons restaurantes, ter uma previdência privada, não depender de ajuda do governo, ou da previdência social, ou seja, ter uma vida ORGANIZADA FINANCEIRAMENTE.

E o início de tudo sempre será a organização. Não vai adiantar aprender a investir se você estiver cheio de dívidas. Não viva uma vida de ilusão, saiba se organizar e entenda que precisa começar o quanto antes a mudar sua rotina e adquirir novos hábitos.

Se entender o princípio da organização e aplicá-lo na sua vida, em todas as áreas possíveis, você vai ver a diferença. Pois tudo que fizer, com a mentalidade voltada para organização, vai ser mais fácil de executar.

Da mesma forma que você toma banho todo dia, alimenta-se todos os dias, tem que criar o hábito de investir todo dia, seja em conhecimento ou em algo relacionado a dinheiro, por exemplo: depois que mudar a sua mentalidade, qualquer compra feita será vista como investimento, ou seja, você não vai mais gastar com coisas inúteis.

Portanto, o que quero te mostrar são passos simples e objetivos para você conseguir tudo isso, sendo que o grande problema, na maioria das vezes, é a falta de disciplina e perseverança que se tem — o imediatismo.

Mas, seguindo todas as dicas que darei aqui, com certeza você conseguirá sempre ter dinheiro sobrando no fim do mês, independentemente do quanto ganha. E, depois de se organizar, vou te ensinar formas de multiplicar esse dinheiro que sobrou para os investimentos. Ou seja, você vai aprender isso tudo em um mesmo livro, com uma linguagem de fácil entendimento.

PASSO 1 – SAIBA DIFERENCIAR ATIVO (RENDA) DE PASSIVO (DESPESA)

Nas finanças existem duas vias para o dinheiro, uma de entrada e outra de saída, e os nomes mais conhecidos para as duas são ATIVO (renda, ganhos) e PASSIVO (despesas, custos). Vamos entender a diferença entre eles:

- ATIVO: são bens e direitos, como dinheiro em caixa (tudo que está à sua disposição imediata), imóveis, móveis, veículos (se tiver liquidez — ou seja, se for "fácil de vender"), dívidas a receber (aluguéis, *royalties*, dividendos, participação em lucros etc.), ou seja, o que está relacionado aos meios de rendimentos que se tem, tudo que pode ser convertido em meios monetários, resumindo, o que GERA RENDA.

- PASSIVO: são as despesas, contas a pagar, obrigações, impostos, ou seja, tudo que gera saída de dinheiro, resumindo, o que GERA DESPESA.

A diferença do valor total dos ativos e dos passivos é o patrimônio líquido. O equilíbrio entre ativo (bens, direitos e contas a receber) e o passivo (dívidas, despesas e obrigações financeiras) é o que faz a pessoa sair do vermelho e com isso crescer financeiramente.

Então, a primeira dica é sempre buscar aumentar seus ativos e diminuir seus passivos, ou seja, foque sempre em aumentar sua receita, sua renda. Vamos exemplificar isso para você.

Vamos supor que você recebeu algum imóvel de herança, ou adquiriu-o em algum momento da sua vida, e o colocou para alugar, porém o valor que recebe não está dando para cobrir os custos com IPTU, reformas, contas atrasadas que inquilinos deixam, sem contar os meses sem alugar e a inadimplência. Além disso, o local do imóvel não é promissor para valorização, sem contar que o valor desse imóvel investido na "renda fixa" já estaria te gerando uma boa renda, o que não está acontecendo com ele alugado.

Entretanto, esse imóvel não está te gerando renda, ou seja, ele é considerado um PASSIVO, mesmo sendo um imóvel, e a melhor estratégia a se fazer é vendê-lo e investir em ativo, que pode ser outro imóvel que te gere renda de verdade ou uma aplicação em renda fixa, ou comprar cotas de fundos imobiliários, ou seja, você vai continuar investindo em imóveis, porém de uma forma não física, mas que te gera renda.

O importante desse exemplo é saber que ATIVO é aquilo que coloca dinheiro em seu bolso e esse imóvel, que muitos chamam de ativo, não está colocando dinheiro em seu bolso, e sim tirando. Então saiba sempre fazer essa análise para tomar as melhores decisões, pense sempre em aumentar seus ativos e consequentemente irá aumentar seus ganhos (renda).

Outro exemplo que podemos dar é na compra de um veículo. A pessoa que entende essa lógica de ativo x passivo deve comprar um carro analisando vários fatores: preço de seguro, índice de roubo, desvalorização, liquidez de revenda, e deve levar em consideração marca, modelo, cor, itens de série, opcionais etc. necessidade de uso, consumo de combustível e acima de tudo valor de compra, em que se ganha comprando à vista por um bom preço, visto que na venda é mais difícil de obter lucro acima da média.

Portanto, para quem entende essa lógica, em tudo que se vai adquirir, vai se pensar sempre no custo-benefício, ou seja: esse carro, se forem feitas todas essas análises, vai conseguir ser colocado na sua planilha de ATIVO, mas, se for só alimentar seu ego, seu consumismo, com certeza vai ser comprado errado e você não vai conseguir obter nenhum tipo de lucro nele e isso vai transformar esse carro em PASSIVO.

Isso vale para qualquer compra: se você vai comprar um tênis de marca que custa R$ 200,00, porém o acha caro e acaba comprando um falsificado por R$ 100,00, achando que fez uma economia, um bom negócio, na verdade, você não fez: pois, além de prejudicar sua saúde, você está perdendo dinheiro, pois esse material falsificado vai durar um terço de um original, ou seja, você teria que comprar no mínimo 3 para durar o mesmo que 1 original, isto é, vai gastar mais e ainda vai ter menos conforto e vai prejudicar sua marcha, sua postura e, consequentemente, você vai gastar mais dinheiro com sua saúde.

Pense em qualquer coisa para comprar: roupa, utensílio doméstico, eletrônicos, eletrodoméstico etc., em tudo, em absolutamente tudo que for comprar, use esse pensamento e vai encontrar sempre o melhor custo-benefício e com isso gerar renda.

Esses exemplos são só uma simples ideia de como tem que funcionar sua mentalidade relacionada a ativo x passivo, ou seja, a partir do momento que se entende essa lógica, você vai ter isso na sua mente em tudo que você for adquirir, sendo um dos principais pilares para se abandonar o consumismo e entrar de vez na prosperidade.

É preciso que você "vire a chave", pense sempre nisso antes de comprar qualquer coisa que vai ver o resultado espetacular que vai acontecer na sua vida.

PASSO 2 – GASTE MENOS DO QUE GANHA

Para conseguir se organizar financeiramente, o grande dilema é gastar menos do que ganha no mês, se não a conta não irá fechar e, consequentemente, você não vai conseguir fazer nenhum tipo de economia, reserva de emergência, investimentos etc.

Então, está aí a dica de ouro, ou seja, basta você gastar menos do que você ganha para sempre estar no azul. Com isso, irá conseguir fazer com que, no fim do mês, o seu dinheiro sobre para você fazer sua distribuição de lucros e usufruir do fruto do seu trabalho.

E não adianta fazer isso esse mês e no outro desorganizar tudo de novo. Você tem que mudar sua consciência sobre dinheiro, passar a ter um olhar crítico sobre gastos desnecessários e transformar isso em rotina.

Porém, é preciso ter um mínimo de controle sobre seus ganhos e seus gastos para conseguir se organizar e prosperar financeiramente, e, para isso, iremos te ensinar formas simples de conseguir atingir esse objetivo.

Como conseguir ter controle financeiro?

Simples, anote tudo que você ganha e gasta no decorrer do mês, para saber seu líquido no final, e com isso conseguirá entender o poder da organização financeira, ou seja: controle o seu dinheiro e não seja controlado por ele.

A maioria das pessoas não sabem nem o quanto ganham, muito menos o quanto gastam em um mês, e com isso não conseguem saber o que estão fazendo de errado para prosperar financeiramente.

Não estou falando dos que ganham um salário-mínimo, mas também de médicos, engenheiros, empresários, que ganham muito dinheiro no mês, mas vivem "apertados", pois gastam mais do que ganham.

O simples fato de anotar tudo te fará ter esse controle e saber no que você está errando. Use uma caderneta, um cartão de anotação, que pode carregar na carteira, na bolsa, ou um aplicativo de celular (Trello, por exemplo) ou planilha de Excel, mas ANOTE TUDO que você ganha e gasta no mês e, ao final dos 30 dias, você vai se surpreender com o resultado.

Vamos exemplificar isso na tabela abaixo:

Tabela 1 – Controle financeiro

ENTRADAS (renda)		SAÍDAS (despesas)	
VALOR	DISCRIMINAÇÃO	VALOR	DISCRIMINAÇÃO
1.500,00	Salário	200,00	Conta de luz
500,00	Extras (bicos....)	100,00	Conta de água
		400,00	Aluguel
		100,00	Gás
		200,00	Transporte (passagem de ônibus ou petróleo para moto, carro)
		700,00	Alimentação (Supermercado, padaria, açougue, etc.)
		300,00	Fatura do cartão (vestuário, lazer, cursos, etc.)
		200,00	Fast food (pizza, comida de feira, pastel, açaí......etc.)
Total de entrada no mês: **R$ 2.000,00**		Total de saídas no mês: **R$ 2.200**	
Saldo do mês: - R$ 200,00 (negativo)			

Fonte: o autor

A planilha referida está bem resumida. Na prática, é preciso que você anote TUDO, mas tudo mesmo, bem detalhado, item a item, do que você ganha e gasta no mês, para poder chegar a um resultado verdadeiro e preciso. Não se engane, não viva uma vida que não lhe pertence, se não será impossível prosperar financeiramente.

Mas o grande segredo para dar certo é ter disciplina e não se enganar. Às vezes você vai comprar um picolé de cinco reais e não anotar, pensando que não vai fazer a diferença, não vai anotar as balinhas que pegou de troco na padaria, ou as moedas que deu para alguém no sinaleiro... aí não vai conseguir ter exatidão nessa conta, ou seja, o importante é manter como hábito ANOTAR TUDO nos mínimos detalhes.

Portanto, essa é a dica mais importante de um controle financeiro: saber o que ganha e o que gasta no mês e, se você não anotar isso, jamais vai conseguir esse resultado.

PASSO 3 – ANALISE A DIFERENÇA DOS SEUS GANHOS E GASTOS PARA SABER EM QUE ESTÁ ERRANDO

Analisando a planilha fica fácil de saber o motivo de você estar no vermelho, simplesmente porque está gastando mais do ganha. Ok, e o que eu faço para corrigir isso e voltar a ficar no "azul"?

SIMPLES ASSIM: ou você aumenta os seus ganhos ou diminui seus gastos... "Ah, mas não consigo aumentar meus ganhos". Então corte o que não for necessário nos seus gastos, senão será impossível a conta ficar positiva, ou seja, olhando a fundo essa simples planilha, fica fácil saber o que pode ou não ser mudado, não precisa ser um contador, economista, financista ou expert em lidar com dinheiro, o importante é saber o que você está gastando e ganhando no mês.

Por exemplo: as contas fixas (luz, água, gás, aluguel, alimentação) são o mínimo de sobrevivência do ser humano, por isso, não podemos cortá-las, mas sim diminui-las, economizando água, energia, gás e alimentação. Já as contas variáveis, essas, sim, podemos diminuir ou até mesmo excluir, se for necessário, que não vão afetar nossa sobrevivência, ou seja, podemos deixar de comer pizza ou pastel na feira esse mês, pois meus ganhos não estão sobrando para isso.

Empresas vão à falência por não saber isso, que é o mínimo a se ter para um bom controle financeiro — e o mais barato também. Existem empresas que gastam rios de dinheiro com auditoria financeira só para aprender essa simples planilha, que pode ser feita em um simples pedaço de papel.

Um exemplo bem impactante de corte de gastos desnecessários é para os fumantes: imagina uma pessoa que consuma uma carteira de cigarro por dia, que custa em média 10,00 reais; serão gastos 300,00 reais no mês, ou seja, seria possível essa pessoa juntar 3.600 reais em 1 ano. Com isso, ela poderia comprar uma moto e não precisar ir para o serviço de ônibus, ou melhor, com essa moto poderia aumentar sua renda, fazendo um extra após o expediente no Ifood ou como entregador de alguma farmácia etc. Pra isso acontecer, basta cortar o gasto do cigarro, sem contar o que a pessoa vai economizar com tratamentos de saúde devido ao vício e assim, além de melhorar sua renda, ainda vai melhorar sua saúde e qualidade de vida.

Então, sempre existe o caminho certo para sair do vermelho, basta a pessoa ser sábia e disciplinada que, mesmo ganhando pouco no início, em um espaço curto de tempo, com certeza vai prosperar financeiramente e poder ter tudo que sonhou (casa, carro, viagens). É bem aí que se separa os ricos dos pobres: não é uma questão de quanto você ganha ou gasta, e sim como você controla isso tudo. Então tenha controle sobre seus ganhos e gastos, para poder saber em que mudar para evoluir.

PASSO 4 – ORGANIZE MELHOR SEU DINHEIRO

Você já aprendeu muita coisa até aqui, agora vamos evoluir um pouco mais e organizar o seu dinheiro para que você não tenha mais dificuldades financeiras.

Em primeiro lugar, e o mais importante de tudo, é sobrar um saldo positivo na sua tabela de renda x despesas, ou seja, colocar em prática tudo que foi explicado nos passos anteriores.

Agora vamos nos organizar de uma forma simples e barata. Dinheiro não foi feito para ficar em casa, o lugar de guardá-lo é em bancos (contas bancárias), então, para que isso dê certo e você consiga se organizar, vou sugerir que você tenha no mínimo 4 contas bancárias.

"Nossa! Mas vou ter que pagar muitas taxas, manutenção de conta, cartões, etc...", você pode contrapor. NÃO, veja a seguir como faremos:

CONTA 1 (conta corrente): sua conta principal, naquela em que você recebe seu salário, que tem seu cartão de crédito etc. Nela você paga todas suas contas fixas, então, vamos chamá-la de CONTA SOBREVIVÊNCIA.

CONTA 2 (pode ser poupança, ou corrente em banco digital que não tenha tarifas): sua conta de gastos emergenciais, um fundo de reserva, que é o termo utilizado para empresas. Ideal para aqueles problemas que quando aparecem (problemas de saúde, emergência financeira) fazem você se endividar, pois você não tem reserva nenhuma para cobrir, mas não pode esperar. Vamos chamá-la de CONTA EMERGÊNCIA.

CONTA 3 (pode ser poupança, ou corrente em banco digital que não tenha tarifas): essa conta será para gastos com lazer, diversão, relaxamento, que também são essenciais para uma boa qualidade de vida. Vamos chamá-la de CONTA DIVERSÃO.

CONTA 4 (corrente em banco digital, banco físico, corretora etc.): essa será sua conta de investimentos, em que você colocará o dinheiro para trabalhar para você (temos um capítulo a seguir específico só sobre esse tema: "Aprenda de uma forma SIMPLES formas de multiplicar seu dinheiro"). Porém, te aconselho que primeiro aprenda a ter dinheiro sempre sobrando para depois investir. Vamos chama-la de CONTA INVESTIMENTO.

Então, para que essa dica minha funcione, você vai precisar ter no mínimo essas 4 contas para organizar o fluxo do seu dinheiro (ganhos mensais).

Obs.: para quem tem filhos, aconselho abrir uma CONTA FUTURO GARANTIDO (isenta de taxas) para cada um, assim que nascerem, visto que hoje em dia, na certidão de nascimento, o CPF já vem inscrito, possibilitando a abertura de contas no nome das crianças. E, com isso, na distribuição do seu dinheiro (custos), processo que irei explicar a seguir, você deve dimensionar uma porcentagem para elas também: te garanto que, colocando pouco todos os meses, quando eles chegaram aos 17, 18 anos, a despesa da faculdade deles já estará garantida, ou o capital para montarem o primeiro negócio (que pode ser digital, por exemplo), ou o dinheiro para comprar um carro zero caso eles passem em uma universidade pública.

DISTRIBUINDO SEU DINHEIRO NAS 4 CONTAS SUGERIDAS:

1. CONTA SOBREVIVÊNCIA: no início dessa sua nova jornada, pode ser que essa conta leve a maior parte dos seus ganhos, porém, com disciplina e perseverança, logo essa conta será a que ficará com a menor fatia. Porém, se você já gasta bem menos que ganha, o valor que vai ficar nessa conta será menor.

2. CONTA EMERGÊNCIA: aconselho que você deixe pelo menos 10% dos seus ganhos mensais nessa conta, pois nunca sabemos quando vamos precisar de um dinheiro para emergências, principalmente para problemas de saúde ou alguma perda de bens necessários, em caso roubo, furto, acidentes, danos materiais (pense: a geladeira queimou, não posso ficar sem ela, onde arrumarei dinheiro para o conserto?...).

3. CONTA DIVERSÃO: também podemos pensar em pelo menos 10% dos seus ganhos para essa conta, pois todos nós temos que colocar um pouco dos nossos ganhos nela — mesmo aquelas pessoas que amam ficar em casa e não gostam de viajar, ir ao cinema, shows, restaurantes, visto que podem pagar uma TV a cabo, uma Netflix, comprar uma piscina, uma banheira de hidromassagem, e ter mais diversão e lazer em casa.

4. CONTA INVESTIMENTO: a quantia colocada nessa conta vai variar de acordo com o momento da vida em que você está, porém é essa conta que vai te dar sua tão sonhada liberdade financeira, ou seja, por meio dessa conta o dinheiro vai começar a trabalhar para você. Então aconselho que, depois de tirar suas despesas na sua Conta Sobrevivência, pegue o que sobrar, coloque 50% nessa conta e o restante coloque na conta diversão e na conta emergência.

Portanto, se você conseguir seguir essa orientação de organização do seu dinheiro em contas, com certeza os resultados virão, visto que, se você deixar todo seu dinheiro em uma única conta, te garanto que vai ser difícil você conseguir ter a disciplina e a organização ideal para ter um fundo de reserva, fazer investimentos e ter dinheiro para diversão, por exemplo.

E isso tem que se transformar em rotina. Com isso, vai ser natural essa divisão do seu dinheiro. Mas é necessário ter disciplina: não é o valor que importa no início, e sim a constância. Mesmo que sobre só cinquenta reais, faça a divisão, aplique isso na sua vida, todos os meses e você vai ver o resultado.

PASSO 5 – TENHA DISCIPLINA E CONSTÂNCIA COM SUAS FINANÇAS

O grande segredo das pessoas que conseguem alcançar a liberdade financeira são, com certeza, a disciplina e a constância, além, é claro, da organização.

Muitas pessoas acham muito mais fácil reclamar pelas faltas de oportunidades, por ganhar pouco dinheiro, do que usar a cabeça para fazer as coisas certas e criar suas próprias oportunidades.

Não importa se você tem uma renda mensal de um salário-mínimo ou dez salários, o grande segredo da prosperidade financeira se chama: ORGANIZAÇÃO, DISCIPLINA e CONSTÂNCIA, ou seja, você precisa começar o quanto antes a aplicar os 4 passos anteriores que te indiquei para conseguir ver os resultados e, ao mesmo tempo, vai precisar de muita disciplina para fazer isso, pois também é muito importante perseverar, isto é, seguir sempre em frente, acreditar sempre no seu potencial e trabalhar mais com o cérebro do que com os braços.

E lembre-se que qualquer conhecimento adquirido e colocado em prática gera renda, ou seja, não adianta apenas estudar, adquirir conhecimento: se não colocá-lo em ação, não vai ter retorno financeiro, só intelectual.

O grande segredo dos ricos, que ninguém te conta, se baseia nesses 5 passos, que eles seguem à risca:

1. Eles sabem a diferença de ativos e passivos e, com isso, se dedicam para aumentar cada vez mais seus ativos, visto que são eles que vão ajudar a aumentar seus ganhos, sua renda.

2. Eles gastam menos que ganham. E, para ter esse controle, anotam tudo, visto que a maioria deles usam SEMPRE SEU CARTÃO DE CRÉDITO para fazer os pagamentos das suas despesas, acompanhando seus gastos pela fatura, por isso dediquei um capítulo inteiro para te ensinar isso, ou seja, você vai ver no capítulo III como fazer para ganhar dinheiro, gastando dinheiro — uma forma inteligente de usar seu cartão de crédito.

3. Eles estão sempre analisando a diferença entre seus gastos e ganhos para identificar em que podem melhorar, ou seja, se não é possível aumentar os ganhos, é preciso diminuir os custos para sobrar mais dinheiro para investimentos, que vão gerar mais ativos, que vão gerar mais renda.

4. Eles são extremamente organizados com seu dinheiro, separando seus rendimentos em contas bancária, por isso, por exemplo, quando viajam é porque têm dinheiro na sua conta diversão; sempre aproveitam boas oportunidades de negócio, pois sua conta investimentos tem dinheiro para isso; e, quando aparece alguma emergência, não precisam preocupar-se, pois têm dinheiro guardado na sua conta emergência, visto que, quanto mais próspero financeiramente você for, mais contas vai abrir para manter sempre organizado seu patrimônio.

5. Eles têm muita disciplina e constância com seus propósitos financeiros e são extremamente organizados com suas finanças, por isso conseguem chegar à independência financeira. Ou seja, eles

sabem que o conhecimento colocado em prática gera renda, estão sempre aprendendo, atentos a tudo que se passa no mercado como um todo e com isso conseguem enxergar oportunidades que vão sempre aumentar seus ganhos, consequentemente seus ativos, que vão gerar mais renda, ou seja, "fazem o dinheiro trabalhar a seu favor".

Portanto, faça uma reflexão da sua vida financeira e comece hoje mesmo a aplicar esses 5 passos para conseguir o mais rápido possível atingir todos seus objetivos. E lembre-se que só vai conseguir isso se tiver disciplina e constância, e principalmente organização e foco, lembrando sempre em investir em conhecimento ("os maiores sábios são aqueles que nunca sabem tudo").

CONCLUSÃO DO CAPÍTULO

O que eu quis te mostrar neste capítulo foi que sua independência financeira só depende de você. Não fique se apegando às dificuldades e se apegue à perseverança, use sempre o pensamento positivo a seu favor, afaste todos os pensamentos e pessoas pessimistas e negativas dos seus planos e coloque em prática todos esses 5 passos em sua vida financeira, com muita disciplina — te garanto que isso vai mudar sua vida.

Existe uma frase do mestre Napoleon Hill, no seu magnífico livro *Quem pensa, enriquece*, que diz: "QUERER É PODER". Então seu sucesso financeiro só depende de você e mais ninguém, tenha foco e inteligência que você irá conseguir.

Isto é, quando estiver dominando a arte de gastar menos que ganha e não ficar no vermelho, de anotar tudo o que ganha e principalmente o que gasta, quando estiver sobrando um dinheiro para investimento e estiver com a disciplina e organização financeira em dia, passe para o próximo capítulo.

E aprenda que trabalhar com o cérebro é muito mais fácil e lucrativo que trabalhar com os braços. Descubra que o seu dinheiro não vai multiplicar-se sozinho, ou guardado em uma simples conta poupança: existem vários investimentos simples e muito mais lucrativos com que você vai conseguir resultados ainda mais surpreendentes que farão você alcançar sua independência financeira, ou seja, você vai aprender o segredo dos ricos, das pessoas prósperas com as suas finanças, vai parar de trabalhar pelo dinheiro e aprender a fazer com que o dinheiro trabalhe para você.

E, quando você estiver com suas finanças organizadas e seu dinheiro começar a sobrar no fim do mês — dinheiro que, imagino, vai estar guardado na sua CONTA INVESTIMENTO —, passe para o próximo nível e aprenda a multiplicar o seu patrimônio, visto que não é possível fazer investimentos sem ter o capital para investir. Então primeiro e mais importante de tudo, deve acontecer uma verdadeira mudança de hábitos na sua vida e você deve passar a pensar sempre antes de fazer, principalmente nas finanças. Assim, vai ver que tudo irá evoluir. Porém, não desista, e não regrida, olhe sempre pra frente. Não é fácil, mas, se você tiver perseverança, logo verá que valeu a pena.

Mas te aconselho a passar para o próximo capítulo somente após conseguir se organizar financeiramente, colocando em prática todos os 5 passos, valiosos, que te foram ensinados. Com isso, você não irá se frustrar e desistir no meio do caminho. Você vai conhecer várias formas de multiplicar seu dinheiro, mas, se não tiver colocado em prática o que aprendeu neste capítulo, não irá ter capital sobrando para começar no mundo maravilhoso dos investimentos.

ENTÃO, primeiro foque nos ensinamentos que você teve neste capítulo, leia e releia várias vezes e coloque em prática tudo que aprendeu, para só depois seguir para o próximo nível. Com isso, você manterá seu foco e não desistirá no meio do caminho, pois pense: de que adianta saber sobre investimentos se não tiver dinheiro para investir?

Vamos em frente, que no próximo capítulo você vai aprender um pouco da teoria dos investimentos, tanto em renda fixa como em renda variável. Mas, lembre-se, só passe para o próximo nível quando estiver com sua vida financeira organizada.

CAPÍTULO 2

CONHECENDO OS INVESTIMENTOS

5 DICAS VALIOSAS PARA VOCÊ PROSPERAR FINANCEIRAMENTE

No Brasil não existe a cultura do investimento, de se pensar no futuro, de se ter planejamento e organização financeira. Isso não é ensinado na escola, o que é muito errado, no meu ponto de vista, visto que, nos países mais desenvolvidos do mundo, como Japão e EUA, a educação financeira faz parte da grade curricular escolar, ou seja, desde a pré-escola já se ensina isso às crianças, tornando essa prática uma rotina na vida dos cidadãos. Por isso temos mais ricos lá do que aqui.

Quando se fala em multiplicação de dinheiro, primeiro temos que fazê-lo sobrar no final do mês e, para isso, é preciso ter uma organização financeira bem elaborada e principalmente disciplina. No capítulo anterior, "5 passos para organizar suas finanças", esse segredo é revelado de uma forma bem simples e objetiva, de modo que qualquer pessoa sem instrução nenhuma consegue entender a forma de se organizar financeiramente para poder sobrar dinheiro no fim do mês — para aí, sim, começar os investimentos.

O principal passo para que você consiga iniciar seus investimentos é ter a consciência de que precisa gastar menos do que você ganha e entender o poder da disciplina, de fazer a coisa certa todos os dias, meses, anos, de modo a tornar isso uma rotina e, com isso, ver seu dinheiro sempre sobrando. Então, só depende de você: a independência financeira é alcançável, basta entender que, para isso, é preciso dedicação, perseverança e principalmente organização e disciplina.

Portanto, após ter feito isso, organizado suas finanças, e ter dinheiro sobrando no fim do mês, vamos aprender agora como fazer o dinheiro trabalhar para você, ou seja, vamos entender as modalidades e opções de investimentos que temos no mercado financeiro brasileiro, definir seu perfil de investidor e suas prioridades e colocar em prática tudo isso para poder ver seus rendimentos começarem a aparecer e sua tão sonhada independência financeira ser alcançada.

Neste capítulo você irá conhecer, de uma forma teórica, o que são e como funcionam as principais modalidades de investimentos que temos no Brasil, tanto em renda fixa como em variável, para então ter a facilidade de identificar o que mais lhe agrada, de acordo com seu perfil de investidor. E, é claro, com isso, usufruir da oitava maravilha do mundo, que se chama "juros compostos".

Neste capítulo te darei 5 dicas valiosas para você prosperar com seus investimentos e consequentemente multiplicar seu patrimônio.

DICA 1 – TRABALHE MAIS COM A CABEÇA DO QUE COM SEUS BRAÇOS

A grande diferença da pessoa malsucedida da bem-sucedida financeiramente é que a primeira trabalha pelo dinheiro (ou seja, o serviço braçal prevalece) e a segunda coloca o dinheiro para trabalhar para ela (ou seja, o serviço principal é com a cabeça, usando a inteligência financeira).

Isso quer dizer que, para se ter multiplicação de renda, não adianta só o serviço braçal, o mais importante é trabalhar com o seu cérebro, ou seja, é preciso entender o mercado financeiro como um todo e investir em conhecimento para poder tornar automática a multiplicação do seu dinheiro.

Hoje, no mercado financeiro brasileiro, temos inúmeras formas de investimentos, basta saber como elas funcionam, qual se encaixa melhor no seu perfil e também onde colocar o seu dinheiro, pois temos muitas empresas ruins, principalmente aquelas que te prometem ganhos irreais.

Portanto, esse primeiro passo é o mais importante para você conseguir ser bem-sucedido financeiramente, ou seja: você tem que usar a sua inteligência financeira sempre para saber onde investir, no que investir, quando investir, e para saber o tempo de retorno dos seus investimentos, administração do risco, análise das instituições financeiras nas quais você vai colocar seu dinheiro, entre outros.

DICA 2 – IDENTIFIQUE QUAL É O SEU PERFIL DE INVESTIDOR

Quando você decide entrar no mundo dos investimentos, o primeiro passo é descobrir o seu perfil de investidor. Algumas corretoras de valores exigem que você já preencha o formulário de identificação do seu perfil na abertura da conta para poderem indicar os investimentos corretos para cada um — além disso ser uma exigência da CVM, que é o órgão que fiscaliza todo mercado de renda variável (vamos detalhar posteriormente tudo sobre a CVM).

É assim que, geralmente, se tem um ótimo pontapé inicial para se continuar a cumprir com as etapas seguintes. Portanto, falaremos desse assunto com mais aprofundamento para que você consiga compreender qual é o seu perfil de investidor e como isso deve te ajudar nas suas aplicações.

O que é perfil de investidor

O perfil de investidor é a resposta encontrada por meio de uma análise das nossas características em relação a investimentos e principalmente ao risco envolvido. Assim, é uma classificação que cada investidor ou pessoa que aplica seu dinheiro em um produto de investimento recebe, classificação que está ligada ao risco que a pessoa está disposta a assumir com suas aplicações.

Essa classificação define qual tipo de investidor você é, além de ser uma exigência da CVM (Comissão de Valores Mobiliários), responsável por regulamentar todo o universo de investimentos.

Tal exigência está registrada na instrução de número 539 da CVM, que fala sobre a necessidade de as instituições financeiras oferecerem aos clientes os produtos de investimento adequados a cada perfil.

Por isso, grande parte dessas organizações que oferecem produtos de investimento — ainda mais corretoras de valores — fazem com seus clientes uma análise de perfil de investidor, diferentemente dos bancos, que não vão lhe oferecer esse atendimento personalizado.

Como é feita a análise do perfil de um investidor

De maneira simples, acontece por meio de um questionário a ser respondido, em que consta como base 3 requisitos: segurança, liquidez e rentabilidade. A propósito, esses três requisitos também são conhecidos como tripé dos investimentos.

As perguntas respondidas no formulário, por sua vez, tentam mapear quais desses pilares são mais importantes para seu estilo. Porque dificilmente haverá esses três aspectos, em altos níveis, na maioria dos investimentos, pelo contrário, desse modo, na hora de tomar uma decisão, é comum que você não conte com a segurança, ou com a liquidez ou com a rentabilidade para chegar aonde deseja com suas aplicações.

Ao deixar um desses três um pouco mais de lado, você já tem uma ideia bem melhor de qual é o seu perfil de investidor.

Com base no resultado, a instituição financeira em questão indica quais são os produtos mais adequados para seus clientes.

Além de conhecido como *suitability* no mercado financeiro, o perfil de investidor não é imutável, isso porque os investidores podem mudar de perfil ao longo do tempo, principalmente quando começam a ganhar mais experiência ao investir e quando adquirem melhor conhecimento de como funciona esse setor. Pode-se dizer, assim, que o perfil vai variar de acordo com o quanto você já conhece o mercado.

Quais os perfis de investidor?

A Anbima (Associação Brasileira das Entidades dos Mercados Financeiro e de Capitais) define que existem 3 grandes tipos de perfil do investidor: conservador, moderado e arrojado/agressivo.

Conservador

Entre os três fatores do tripé dos investimentos, o investidor conservador tem mais apreço pela segurança e, assim, maior aversão ao risco, ou seja, na hora de fazer aplicações, prefere produtos que apresentem baixo ou nenhum risco.

Mesmo que isso signifique abrir mão de determinada rentabilidade, esse investidor procura obter ganhos reais com o menor risco possível.

Diante dessas características, os investimentos de renda fixa são os que chamam mais atenção para esse perfil conservador. Isso porque os riscos apresentados nessa modalidade são baixos e existe uma certa previsibilidade de uma renda mensal.

Dessa forma, Tesouro Direto, CDBs, LCs, LCIs e LCAs, por exemplo, são alguns dos produtos preferidos dessa categoria de perfil — posteriormente iremos detalhar esses investimentos.

Moderado

Como se nota pelo nome, esse perfil acaba sendo o "meio-termo" entre os perfis conservador e arrojado.

Por isso, esse investidor costuma correr um risco médio em suas aplicações, nas quais ele, geralmente, está disposto a assumir riscos um pouco maiores para ter uma rentabilidade também maior — mesmo assim, não dispensa certa segurança.

Na prática, então, o perfil moderado investe tanto em renda fixa, mais segura, quanto um bocado em renda variável.

Em grande parte, um investidor moderado já tem um pouco mais de conhecimento sobre o mercado e está no processo para fazer seu patrimônio crescer.

Arrojado (ou agressivo)

Investidores agressivos ou arrojados estão mais dispostos do que os dois perfis anteriores a correr riscos para ter maior rentabilidade.

Dessa forma, até estão abertos a perder parte de seu patrimônio em nome disso, ou seja, esse investidor quase não pensa em renda fixa (investe apenas o dinheiro que está na sua conta emergência — fundo de reserva — e na sua conta diversão em renda fixa). Então, na sua carteira de investimentos, a atenção está voltada a produtos de renda variável, como ações e opções.

Geralmente com uma postura mais madura para entender a dinâmica do mercado, o perfil arrojado acaba tendo inteligência emocional o suficiente para lidar com possíveis perdas nas aplicações. Baseado nisso, também costuma possuir um patrimônio maior, já que isso ajuda a preencher eventuais resultados negativos.

Porém, para se chegar a esse perfil, é preciso dominar suas emoções e ter muita disciplina, saber ganhar e também saber perder.

Então, depois de saber o seu perfil de investidor, agora você precisa conhecer o que são investimentos em renda fixa e renda variável e quais são os seus principais tipos disponíveis no mercado financeiro brasileiro, bem como o que mais vai se identificar com seu perfil.

DICA 3 – SAIBA DIFERENÇIAR INVESTIMENTOS EM RENDA FIXA DE RENDA VARIÁVEL

Investimentos de Renda Fixa são aqueles que têm rentabilidade definida no momento da contratação a uma taxa fixa pré ou pós-fixada. Os prefixados seguem a mesma taxa do início ao fim da aplicação e o pós-fixado, podem seguir algum índice como o IPCA (inflação), Selic, IGPM etc.

Investimentos de Renda Variável são aqueles cujo retorno é imprevisível no momento do investimento. O valor varia conforme as condições do mercado e, consequentemente, a remuneração que as aplicações oferecem segue esse mesmo princípio.

Portanto, renda variável é o oposto dos investimentos de renda fixa, cujo cálculo da remuneração é previamente definido e conhecido desde o momento da aplicação.

Basta pensar no funcionamento dos títulos públicos negociados no Tesouro Direto. Ao comprar um título de inflação, o investidor sabe desde o início que receberá uma taxa de juros anual mais a variação do IPCA (Índice de Preços ao Consumidor Amplo) ao longo dos anos.

Na renda variável, não é possível ter esse nível de certeza. Quem compra a ação de uma empresa sabe que embolsará a valorização do papel no decorrer do tempo — mas de quanto será essa valorização? Impossível saber de antemão. Não dá para garantir nem que haverá ganhos, porque os papéis podem desvalorizar no período.

Por isso, para se investir em renda variável, primeiro é necessário investir em conhecimento, senão suas chances de ganhos serão bem menores.

Para resumir em uma forma bem simples e objetiva, a diferença é que: quem compra um título de renda fixa "empresta" dinheiro para alguém — empresas ou governos — em troca de juros. Já quem aplica em papéis de renda variável em alguma medida entra no capital do emissor, direta ou indiretamente. É o que acontece com quem compra uma ação de empresa. Sua expectativa é de que a companhia apresente bons resultados e cresça, porque é isso que vai fazer o valor da ação aumentar e consequentemente seus ganhos também.

DICA 4 – SAIBA QUAIS SÃO OS PRINCIPAIS INVESTIMENTOS EM RENDA FIXA AQUI NO BRASIL

Como falamos, a renda fixa é uma modalidade de investimento que apresenta rentabilidade previsível. Isso significa que o cálculo do retorno a ser obtido é conhecido desde o momento da aplicação.

Por conta disso, é um dos principais investimentos para iniciantes que possuem o perfil de investidor conservador e moderado, assim como para quem ainda está construindo o seu patrimônio.

Independentemente do tipo de título de renda fixa escolhido, eles funcionam como uma espécie de empréstimo, que pode ser feito para o governo federal, instituições financeiras, setores específicos ou empresas, ou seja, você vai emprestar seu dinheiro e receber uma taxa prefixada ou pós-fixada para isso.

O importante é entender que a sua rentabilidade (ou seja, o retorno financeiro que você terá) ocorre em cima das taxas de juros desse "empréstimo".

Para entender se vale a pena ou não investir nos títulos de renda fixa mais populares, devemos pensar nos principais indicadores de rendimento. O ideal é entender o comportamento de cada um deles e ficar atento para aqueles que fazem mais sentido para sua carteira de investimentos.

Sendo assim, os indicadores de referência para a renda fixa são:

- Selic: é a taxa básica de juros da economia brasileira. É uma referência para nortear as outras taxas da economia, além de ser uma ferramenta utilizada para controle da inflação;

- CDI: o Certificado de Depósito Interbancário é um título de curto prazo emitido pelos bancos entre si. Esse é um indicador que tem como objetivo a regulação do sistema financeiro e normalmente tem os números próximos ao da Selic;

- TR: Taxa Referencial, que corrige o rendimento da poupança, sendo calculada por meio das médias das taxas dos CDBs prefixados.

Agora que você já conhece os indicadores de referência relevantes para os títulos de renda fixa mais populares, é o momento de entender os seus tipos.

Quais são os tipos de títulos de renda fixa?

Com os tipos de títulos de renda fixa, conseguimos ter uma ideia melhor sobre como funciona a rentabilidade nessas aplicações. Basicamente, contamos com três regras: prefixada, pós-fixada e híbrida.

Os papéis prefixados são os que possuem o retorno do investimento totalmente definido no momento da compra. Ou seja, é o tipo mais previsível e seguro de aplicação, mesmo dentro da renda fixa.

Já o rendimento dos títulos pós-fixados está relacionado a outros indicadores, como a Selic ou o CDI. Isso significa que o valor a ser recebido não é totalmente estabelecido na compra, mas varia de acordo com o indicador determinado. Para investir nesses títulos, te aconselho a estudar um pouco mais o cenário econômico, pois, se a taxa do título que comprou for, por exemplo, a Selic, e você não tiver conhecimento do mercado atual, pode ser que até o fim do seu contrato ela caia e você deixará de ganhar dinheiro.

Por fim, como o próprio nome sugere, os papéis híbridos correspondem ao encontro das duas regras anteriores: há uma taxa fixa (prefixada) mais a variação da inflação.

Quais são os investimentos de renda fixa mais populares?

Poupança

Apesar da poupança ser um dos títulos de renda fixa mais populares e tradicionais do Brasil, isso não significa que é a melhor escolha deixar o seu dinheiro parado ali.

Isso porque representa um dos piores investimentos da renda fixa, com baixo retorno financeiro, normalmente com um rendimento similar ou inferior à inflação, sem contar que o rendimento dela é mensal e não diário, ou seja, se você não esperar completar o mês, e retirar o dinheiro antes, perderá os rendimentos.

Títulos públicos (tesouro direto)

Os investimentos no Tesouro Direto funcionam como empréstimos ao Governo Federal para o financiamento de projetos variados nas áreas de saúde, educação, segurança, entre outras. É considerado um dos tipos de título de renda fixa mais seguros, pois possui a proteção do Tesouro Nacional.

Além disso, como mostramos, há três tipos de papéis disponíveis para aplicação:

Tesouro prefixado: apesar de não ser uma opção tão popular quanto as próximas, corresponde ao título prefixado, em que é estipulado um retorno no momento da compra, de acordo com o valor investido e o prazo;

Tesouro Selic: está relacionado ao título pós-fixado e é a opção mais popular, normalmente entregando um retorno maior que o da poupança;

Tesouro IPCA+: esse é o título híbrido, ou seja, além de uma taxa de juros fixa, também acompanha e considera o indicador da inflação do país.

Em qualquer uma dessas alternativas, os rendimentos obtidos são tributados no Imposto de Renda, seguindo a tabela regressiva (de 22,5% a 15%), ou seja, quanto mais tempo durar a aplicação, menor será o imposto, isso vale também para IOF (Imposto sobre Operações Financeiras), que só será isento se você esperar 30 dias após aplicação para fazer alguma retirada.

Além disso, é uma modalidade de investimentos que não precisa de bancos ou corretoras para intermediar, você pode acessar o site do tesouro (www.tesourodireto.com.br) e iniciar suas aplicações.

CDBs/RDBs

Os Certificados de Depósitos Bancários ou Recibos de Depósitos Bancários, atuam de forma similar aos títulos públicos, com a diferença de serem emitidos para instituições privadas (no caso, os bancos).

Os títulos mais comuns no caso dos CDBs/RDBs são os pós-fixados, em que o indicador de referência é a taxa do CDI.

Além disso, cada banco possui suas próprias regras relacionadas aos juros, rendimentos e prazos das aplicações, mas contam com a cobertura do FGC (Fundo Garantidor de Crédito).

Assim como no caso dos títulos públicos, o CDB segue as mesmas regras de tributação do Imposto de Renda e IOF.

LCI e LCA

Apesar dos títulos de renda fixa LCI (Letra de Crédito Imobiliário) e a LCA (Letra de Crédito do Agronegócio) não serem tão populares quanto os anteriores, merecem destaque por conta de suas vantagens.

Elas possuem um funcionamento parecido com o do CDB, em que os empréstimos são realizados às instituições financeiras. Entretanto, são restritos apenas às atividades ligadas a algum dos dois setores (agronegócio ou imobiliário).

Assim como nos casos anteriores, a rentabilidade varia de acordo com os títulos, podendo ser prefixados, pós-fixados ou híbridos.

Entretanto, como uma de suas principais vantagens, temos a não tributação sobre os rendimentos (isenta de IR). Isso significa que, como não há a incidência de IR, é possível potencializar o investimento, porém geralmente o investimento inicial é maior que o investimento inicial dos outros 3 tipos de renda fixa anteriores e o IOF continua inserido.

CRI e CRA

Os CRI (Certificado de Recebíveis Mobiliários) e CRA (Certificado de Recebíveis do Agronegócio) são papéis de renda fixa distintos, mas que possuem características em comum, sendo produtos financeiros um pouco mais complexos. Isso porque, diferentemente das LCIs e LCAs, os títulos não são emitidos por instituições financeiras, mas sim por securitizadoras, o que acaba aumentando um pouco o risco, sendo mais indicada para os perfis moderados e até mesmo arrojados. Porém, o retorno também é maior.

Outro fator desses certificados é que o investimento inicial geralmente é bem mais alto que o das outras opções citadas.

Uma das vantagens da compra de títulos de CRI e CRA é que eles não possuem incidência sobre o Imposto de Renda. Entretanto, diferentemente das Letras de Crédito, não possuem cobertura do FGC.

Debêntures

As debêntures são títulos de créditos emitidos por empresas privadas e de capital aberto com o objetivo de captar recursos financeiros. Assim como os títulos públicos e CDB, representam um empréstimo, em que o rendimento é recebido de acordo com os juros e o tempo da aplicação.

Diferentemente das outras aplicações, as debêntures não são cobertas pelo FGC. Além disso, devem ser declaradas no Imposto de Renda, com alíquotas variando entre 22,5% e 15%. Há uma exceção apenas nos casos das debêntures incentivadas: por serem consideradas grandes obras de infraestrutura para o país, são isentas de tributação.

Apesar de serem investimentos em renda fixa, é necessária uma melhor avaliação delas, devido ao risco de não pagamento, então pesquise bem as empresas que estão emitindo esses papéis antes de investir neles.

Obs.: Bancos digitais

Esses não são produtos de investimentos de renda fixa, porém existe uma grande parcela de pessoas que aderem à essa opção, por falta de conhecimento ou mesmo pela facilidade que se tem hoje, devido à grande era digital que estamos vivendo.

Esses bancos geralmente fazem aplicações automáticas para os seus clientes que geralmente rendem 100% do CDI, ou seja, simplesmente eles aplicam o dinheiro que é depositado na conta digital em algum produto financeiro (geralmente CDB) e pagam para seus clientes um retorno, que, com a nossa atual taxa de CDI, traz um rendimento superior ao da poupança, o que trouxe muito sucesso a esse tipo de instituição.

Consequentemente, eles ganham a credibilidade do cliente e, com isso, conseguem vender outros produtos para eles, como cartão de crédito, empréstimos, recarga de celular, pagamentos de boletos, maquininha de cartão, link de pagamento, entre outros.

DICA 5 – SAIBA QUAIS OS PRINCIPAIS INVESTIMENTOS EM RENDA VARIÁVEL AQUI NO BRASIL

Em linhas gerais, investimentos de renda variável são aqueles cujo retorno é imprevisível no momento do investimento. O valor varia conforme as condições do mercado e, consequentemente, a remuneração que as aplicações oferecem segue esse mesmo princípio.

Na renda variável, não é possível ter certeza de retorno do investimento, o que se tem na renda fixa, por exemplo. Quem compra a ação de uma empresa sabe que ganhará com a valorização do papel no decorrer do tempo — mas de quanto será essa valorização? Qual o tempo tenho que esperar para isso? Impossível saber de antemão. Não é possível garantir nem que haverá ganhos, porque os papéis podem desvalorizar no período, mesmo sua expectativa seja de que a companhia apresente bons resultados e cresça, porque é isso que vai fazer o valor da ação aumentar.

Existem diversos produtos disponíveis para investir em renda variável, dos mais simples aos mais sofisticados. Cada um deles tem características próprias de risco e liquidez. A escolha do mais adequado para cada investidor, de acordo com seu perfil, depende de uma avaliação prévia criteriosa.

Conheça os tipos de investimento em renda variável mais comuns no mercado.

Ações

Negociadas na bolsa de valores, as ações são a menor parcela do capital de uma empresa. Quem compra ações se torna sócio da companhia e, por isso, compartilha os lucros que ela obtém.

É a maneira mais conhecida de investir em renda variável. Se quiser aprofundar seus conhecimentos no mercado de ações, temos um e-book específico em que explicamos tudo desse mercado (*Aprenda a investir na bolsa de valores*).

Há duas formas de lucrar investindo em ações. A primeira é com a distribuição de lucros (dividendos, juros sobre capital próprio etc.), que são uma parte do lucro que as empresas distribuem aos acionistas. Pelo menos 25% dos ganhos devem ser destinados ao pagamento de proventos, então uma carteira bem montada, com empresas sólidas e que fazem essa distribuição de lucros, já te concede uma boa renda mensal e também lhe dá uma segurança de ir diminuindo suas perdas com alguma queda de preço no valor da ação.

A segunda forma se dá por meio da valorização dos papéis na bolsa de valores. Conforme os movimentos do mercado e os resultados da empresa, o preço de uma ação pode aumentar — ou diminuir também. Quem compra ações por um valor baixo e vende mais tarde por um preço maior consegue lucrar, mas para isso é preciso conhecimento e boas estratégias, além, é claro, de uma boa assessoria.

Fundos imobiliários (FIIS)

Um fundo imobiliário reúne investidores interessados em aplicar em conjunto no mercado imobiliário. O mais comum é que o dinheiro seja usado na construção ou na aquisição de imóveis, depois locados ou arrendados. Os ganhos dessas operações são divididos entre os participantes, na proporção em que cada um aplicou.

Algumas pessoas acreditam que os fundos imobiliários são investimentos de renda fixa, por conta da distribuição regular de rendimentos mensais que muitos deles oferecem — o que lembra o funcionamento de alguns títulos públicos.

Mas os FIIs são aplicações de renda variável: suas cotas oscilam na bolsa de acordo com as condições do mercado ou a gestão da carteira. Assim, não é possível saber de antemão qual será o retorno. E também não há garantia de que os rendimentos serão mantidos ao longo do tempo.

ETFS

Exchange Traded Funds é o nome completo dos ETFs, também conhecidos como "fundos de índices". Eles são fundos que replicam a composição de índices financeiros — como o Ibovespa ou o IBrX — e têm as cotas negociadas no pregão da bolsa, como as ações. Seu objetivo é oferecer aos investidores uma alternativa para investir em carteiras praticamente idênticas às principais referências do mercado.

Uma das suas principais vantagens é a praticidade. Isso porque um ETF permite ao investidor apostar em várias ações de uma vez sem precisar comprar papel a papel. A segunda é o custo. As taxas de administração dos fundos de índices costumam ser bem menores do que as cobradas nos fundos de ações em geral, mesmo no caso dos passivos.

Opções

Uma opção representa o direito de comprar ou vender uma ação (ou um outro ativo) em uma data futura específica e por um preço preestabelecido. É como se fosse um contrato, classificado como "derivativo", já que o preço da opção deriva do preço do ativo a que ela se refere.

Trata-se de um mercado grande e muito dinâmico. Uma opção pode ser utilizada como *hedge* — ou seja, como uma proteção no mercado futuro para os investimentos realizados no mercado à vista.

Imagine alguém que comprou as ações de uma empresa e tem receio de que as cotações recuem no futuro. É possível evitar perdas maiores adquirindo opções de venda da ação por um preço que evite o prejuízo.

Há também quem negocie as opções por si, sem ter a função de proteger uma carteira. O objetivo é efetivamente ganhar arbitrando os preços das opções, que também sobem e descem ao longo do tempo, porém esse movimento requer muito conhecimento, pois, na maioria das vezes, opera-se alavancado (pega um limite de crédito 'empréstimo' que a corretora lhe concede, para multiplicar o valor da operação) onde o risco de perdas altas é muito grande.

Câmbio

O investimento em câmbio envolve aplicações baseadas em moedas. Esse tipo de produto costuma ser considerado uma opção para diversificar a carteira e, principalmente, para proteger o patrimônio das oscilações da economia brasileira.

Há muitas formas de se fazer isso. Existem, por exemplo, fundos cambiais, que mantêm pelo menos 80% do patrimônio investido em ativos relacionados a moedas. Seu principal fator de risco é a flutuação de preço de moedas estrangeiras ou a variação do cupom cambial (taxa de juros em dólares no Brasil).

Também é possível investir em câmbio comprando contratos ou minicontratos futuros de dólar negociados no pregão da bolsa. Eles representam acordos de compra ou venda da moeda a um preço fechado, em uma data futura.

Há ainda os COEs (Certificados de Operações Estruturadas), é um título emitido por instituições financeiras que engloba ativos de Renda Fixa e Variável, sendo uma espécie de conjunto de produtos. O COE pode conter ações nacionais e estrangeiras, juros, moedas, índices, commodities, entre outras alternativas. Uma de suas características é o prazo fixo e a baixa liquidez. Isso significa que só é possível vender esse título na data de vencimento, estipulado previamente.

Futuros (ouro, soja, milho, boi, café, mini-índice etc.)

Esses contratos são negociados no pregão da BM&F. Assim como os futuros de dólar, que podem ser usados para investir em câmbio, eles são acordos de compra ou venda de ativos variados, a um preço fechado, em uma data futura.

Na bolsa brasileira, existem futuros de milho, café, soja, boi gordo, Ibovespa e até S&P 500, um dos principais índices de ações do mercado americano.

Os futuros são uma maneira bastante comum de investir em *commodities*. Justamente por isso, uma das suas características é o fato de os contratos serem todos padronizados, de modo que todos os investidores negociam os derivativos com as mesmas condições.

Uma particularidade dos contratos futuros é a existência de ajustes diários. Significa que, diariamente, a bolsa apura os lucros e prejuízos de cada posição (comprada ou vendida) nos derivativos.

Assim, o investidor que adquiriu um determinado futuro e teve perdas em um dia precisa realizar um depósito para compensar. O contrário também acontece, o que requer acompanhamento diário para não haver prejuízos ou penalidades.

Fundos de investimento

Vários tipos de fundos permitem investir em renda variável. Os de ações são os exemplos mais comuns. Trata-se de carteiras que, por definição, aplicam no mínimo dois terços do patrimônio em ações negociadas em mercados organizados, como bolsas de valores, ou em outros ativos relacionados a esse segmento (como recibos de subscrição, cotas de outros fundos de ações ou BDRs, que são recibos de ações estrangeiras negociados no Brasil).

Os fundos de ações são considerados maneiras simples de investir em renda variável, porque quem se responsabiliza por decidir que papéis comprar ou vender é um gestor profissional. Isso, é claro, tem um custo. Há cobrança de taxa de administração — e, em alguns casos, taxa de performance também.

Ainda é possível investir em renda variável por meio de fundos multimercados. Eles investem em segmentos variados — renda fixa, variável e moedas. Alguns deles podem adotar estratégias bastante sofisticadas.

Criptomoedas

Categoria recente de ativo financeiro, as criptomoedas são moedas virtuais não produzidas ou controladas pelos bancos centrais. Elas são, verdadeiramente, códigos que podem ser convertidos em valores.

Sua criação se dá por meio de uma rede descentralizada de pessoas que, em seus servidores, registram as transações realizadas com essas moedas. São protegidas por criptografia e pela tecnologia de *blockchain*.

É possível investir em criptomoedas — entre as quais o bitcoin é a mais conhecida — por meio de corretoras especializadas. Também existem fundos de criptomoedas.

Porém, como não existe regulamentação específica, torna-se um mercado com maiores riscos e, por isso, é preciso fazer uma análise extremamente detalhada desse investimento, tanto com relação aos ativos (bitcoin, NFT etc.), quanto às empresas (corretoras) que vão intermediar a negociação.

É seguro investir em renda variável?

A bolsa de valores é o palco em que os investidores de renda variável se encontram. Mas esse é um ambiente seguro para as pessoas aplicarem seu dinheiro? Essa é a principal função da bolsa: organizar, manter, controlar e garantir sistemas apropriados para a realização de negócios.

Para assegurar a confiabilidade, uma série de regras sobre a transparência na divulgação de informações e a segurança na compensação e liquidação dos negócios foi estabelecida.

Além da autorregulação feita pela própria bolsa, existe a atuação da Comissão de Valores Mobiliários (CVM), autarquia do governo federal responsável por regulamentar, fiscalizar, julgar e punir os agentes de mercado quando as regras não são seguidas.

Para proteger os investidores no dia a dia dos negócios, há também o Mecanismo de Ressarcimento de Prejuízos (MRP), que assegura o ressarcimento de até R$ 120 mil por prejuízos causados por corretoras, distribuidoras e agentes autônomos. O MRP pode ser acionado quando se registra uma perda por ação desses participantes — como a execução incorreta de uma ordem (de compra ou venda) do investidor, o uso dos recursos do investidor em operações não solicitadas e até a quebra da corretora. Esse mecanismo é vinculado à bolsa e só pode ser acionado se a folha ocorrer no âmbito dos mercados administrados pela bolsa.

Com todas essas iniciativas e agentes fiscalizadores, do ponto de vista institucional, é seguro investir em renda variável. Isso, no entanto, não significa que os investidores estarão isentos da possibilidade de perda nas suas aplicações, devido aos movimentos do mercado. Por isso, os interessados devem conhecer seu perfil de risco e avaliar cautelosamente os instrumentos que utilizarão para investir.

Vantagens e desvantagens de investir em renda variável

A principal vantagem de investir em renda variável é a possibilidade de obter um retorno maior que o da renda fixa. Isso acontece quando o humor do mercado está favorável e as empresas emissoras das ações e dos outros instrumentos crescem e avançam nos seus segmentos. A contrapartida é o risco mais alto.

Na renda variável, não existe qualquer tipo de garantia de que o melhor cenário acontecerá, ao passo que, na renda fixa, as condições de remuneração são claramente estabelecidas desde o início.

Os mercados de renda variável também oscilam bastante. Pense na bolsa de valores: em um dia, o Ibovespa sobe, no outro, cai. É assim o tempo todo. Portanto, é necessário estar com os nervos preparados para lidar com a instabilidade do mercado constantemente e investir em conhecimento para não perder dinheiro e consequentemente sair do mercado.

É possível investir em renda variável com pouco dinheiro?

Cada instrumento de renda variável estabelece valores mínimos de investimento. Há fundos de ações que permitem aplicações iniciais na faixa de R$ 500, por exemplo.

Para comprar ações diretamente na bolsa, não há propriamente um valor mínimo. Normalmente, os papéis são negociados em lotes padrões de 100 ações. Assim, uma ação que tenha um valor unitário de R$ 10 exigirá um investimento de R$ 1.000 para se comprar um lote padrão. No entanto, é possível adquirir lotes menores, por um valor inferior, no chamado mercado fracionário. As cotações por ação podem ser ligeiramente diferentes lá.

Embora não seja definido um valor mínimo no mercado de ações, pode ser penoso aplicar valores muito pequenos na bolsa, porque eles dificultam a diversificação.

Alguém que chegue ao pregão com R$ 500 dificilmente conseguirá montar uma carteira variada, com diversas ações — o que é recomendável, para mitigar os riscos da concentração em um único papel. Nesses casos, pode ser mais interessante optar por um fundo de ações.

Outro detalhe são os custos. Para negociar ações, o investidor paga uma taxa de corretagem à corretora que faz a intermediação da operação. Essa taxa varia de instituição para instituição, mas costuma oscilar entre R$ 10 e R$ 20 no *home broker,* que é uma plataforma digital que simplifica a compra e venda de ações de empresas listadas na Bolsa de Valores e de ativos financeiros, ou seja é um sistema que executa as ordens de negócios, permitindo que o investidor opere seus papéis de forma autônoma.

Embora não pareça alto, esse valor pode significar muito diante de um investimento pequeno. Para compensar esse custo, é preciso que os papéis valorizem muito — o que nem sempre acontece.

Além disso, investimentos de renda variável estão sujeitos ao Imposto de Renda. No caso das ações, a alíquota é fixa e de 15% sobre os ganhos obtidos com as operações. Porém, o investidor é isento do IR se realizar vendas menores do que R$ 20 mil por mês.

CONCLUSÃO DO CAPÍTULO

Agora que você já aprendeu que trabalhar mais com a cabeça do que com os braços lhe trará muito mais retorno financeiro, já sabe qual seu perfil de investidor, já conhece os títulos de renda fixa mais populares, conhece os principais investimentos em renda variável, ou seja, sabe identificar os principais tipos de investimento e entende um pouco mais sobre os principais indicadores de referência, deve estar se perguntando: qual é o melhor?

A verdade é que, tanto nas aplicações de renda fixa quanto de renda variável, o ideal é sempre diversificar os seus investimentos. Ou seja, ao invés de colocar todo o dinheiro em apenas um título, alocar em mais de um traz mais segurança aos rendimentos — siga o velho ditado do mercado: "nunca coloque todos os ovos em uma cesta só". Além disso, tudo depende do seu perfil de investidor, o seu apetite a riscos e, até mesmo, os prazos em que deseja recuperar os seus ganhos.

A verdade é que esse conteúdo é apenas o primeiro passo para você começar a investir em renda fixa ou variável e tornar isso uma rotina em sua vida, fazendo o dinheiro trabalhar para você.

Portanto, para que você tenha sua independência financeira alcançada, os passos que lhe sugeri são essenciais para se chegar lá — e saiba que só depende de você. Então tenha organização financeira e disciplina com seus investimentos, e tenho certeza que vai colher bons frutos em um futuro próximo.

E não se esqueça: estude sempre. Conhecimento gera riqueza e só prospera quem tem foco e paciência. SIMPLES ASSIM...

CAPÍTULO 3

APRENDA A USAR O CARTÃO DE CRÉDITO COM INTELIGÊNCIA

O CARTÃO DE CRÉDITO É UM GERADOR DE RENDA E NÃO UM DESTRUIDOR DE LARES

O cartão de crédito vem se tornado um meio de pagamento cada vez mais utilizado no Brasil e no mundo. Isso se deve à facilidade e à praticidade que ele proporciona ao dia a dia. Esse movimento faz com que os bancos ofereçam vantagens atrativas para o cliente que, inclusive, pode **ganhar dinheiro com cartão de crédito, ou seja: GANHAR DINHEIRO, GASTANDO DINHEIRO.**

Não estou falando em aumentar seus custos e se endividar, mas sim em continuar com seus gastos controlados, porém pagando tudo no cartão de crédito para usufruir dos benefícios disso.

Temos certeza que por essa você não esperava. Mas, sim, é possível fazer dinheiro com o cartão de crédito. Por isso, criei um e-book para apresentar maneiras de usar o plástico para incrementar a sua renda e como colocar essas estratégias em prática hoje mesmo.

Antes de contarmos como é possível ganhar dinheiro usando o cartão de crédito, precisamos falar de um assunto que é bem polêmico. Afinal, o cartão é um vilão ou aliado? Como sabemos, é um pensamento bem comum que esse produto é um dos principais causadores do endividamento dos brasileiros.

Contudo, nós defendemos a seguinte tese: o problema não é o cartão, mas sim a falta de educação financeira. Infelizmente, no Brasil nós não fomos ensinados a gerenciar o nosso dinheiro e por esse motivo muitas pessoas acabam contraindo dívidas quando têm acesso ao crédito.

Entretanto, sabendo usá-lo, o cartão de crédito se torna uma ferramenta que pode não só facilitar as suas compras no dia a dia, mas também oferecer uma série de benefícios. Por isso, eu sempre considerei os cartões fortes aliados e sempre estimulei o bom uso desse produto e juntamente à educação financeira.

Entretanto, é necessário ter uma disciplina financeira para conseguir lucros usando seu cartão de crédito, ou seja, você não pode gastar mais do que ganha, independentemente se seu limite for alto. Você tem que ter a consciência de que deverá ter renda para pagar sua fatura. Se não tiver esse pensamento, é melhor estudar mais sobre organização financeira antes de aplicar todas as dicas que darei aqui.

Como um cartão de crédito funciona

O cartão de crédito é um meio de pagamento, por isso, a ideia do seu funcionamento é bem simples: primeiro você tem um limite de crédito aprovado e, assim, pode realizar suas compras normalmente.

Todo cartão tem uma data de fechamento e uma data de vencimento, essas datas definem os valores para cada fatura. Dessa forma, ao realizar suas compras, elas vão ser lançadas dentro do que chamamos de fatura aberta, até quando chegar a data do fechamento. Após o fechamento, você passa a saber o valor exato que você terá que pagar no próximo vencimento.

Taxas de um cartão de crédito

Os cartões de crédito possuem algumas taxas e é superimportante que você saiba quais são e como avalia-las:

- _Taxa de anuidade_: valor cobrado de forma anual para a manutenção do cartão (atualmente existem vários cartões isentos dessa taxa).

- _Taxa de saque_: cobrada por alguns cartões para realizar saques em dinheiro.

- _Taxa de limite emergencial_: cobrada ao exceder o limite do cartão e solicitar um novo limite.

- _Taxa de segunda via_: caso perca o cartão e solicite uma segunda via, poderá ser cobrada.

- _Taxa de IOF_: Imposto sobre Operações Financeiras, como compras no exterior.

- _Spread cambial_: cobrado em cima de compras no exterior.

- _Juros rotativo_: juros cobrados em caso de atraso da fatura.

- _Juros do parcelamento_: juros cobrados caso parcele o pagamento da fatura.

Como você pode ver, são muitas taxas e é preciso ter cuidado para não ter custos desnecessários.

Principais benefícios dos cartões de crédito

Os melhores cartões de crédito com certeza trazem consigo diversos benefícios. Os principais deles são:

- <u>Cashback</u>: dinheiro de volta nas faturas ou para saque em conta corrente.
- <u>Milhas e pontos</u>: pontos por gastos no cartão que podem ser trocados por milhas.
- <u>Descontos</u>: são cartões que possuem parcerias com lojas específicas que oferecem descontos de até 20%.
- <u>Acesso à sala VIP</u>: cartões das categorias Black e Infinite que oferecem acesso gratuito às salas VIP em aeroportos.
- <u>Seguros e garantias</u>: cartões que oferecem seguros-viagem e até proteção de preço para compras realizadas com esses cartões.

Como os juros do cartão funcionam

Os juros, caso você atrase sua fatura do cartão, estão entre os mais elevados para produtos financeiros, podendo chegar acima de incríveis 400% ao ano. Isso quer dizer que uma dívida no cartão de 1 mil reais pode chegar a nada mais nada menos do que 5 mil reais após 1 ano de atraso. Ficou impressionado?

Por isso, é muito importante entender que, ao deixar de pagar sua fatura total em dia, automaticamente se iniciará a incidência dos juros rotativos do seu cartão.

Escolhendo qual o melhor cartão de crédito

Se você está em dúvida sobre qual o melhor cartão de crédito para suas necessidades, aqui vão algumas dicas:

- Determine os benefícios que deseja, como descontos, programa de pontos, *cashback*, zero anuidade ou milhas;

- avalie tarifas e taxas: cobrança de anuidade, juros etc.;
- escolha um tipo compatível com seu perfil: Classic, Standard e Gold (renda estimada de R$ 1.100 à R$ 10 mil). Platinum, Black e Infinite (renda estimada a partir de R$ 5 mil);
- veja qual programa da bandeira de cartão é mais atrativo;
- confira se o banco também oferece vantagens exclusivas.

Tipos de cartão de crédito

Existem muitas diferenças entre os cartões de crédito Gold, Platinum, Black, Infinite, Classic, Standart, Nacional e Internacional em relação aos benefícios oferecidos, limite ideal e renda mínima para solicitar.

Como solicitar um cartão de crédito

Uma instituição emissora de cartões de crédito determina requisitos próprios para a solicitação e aprovação de um produto financeiro.

Além disso, cada procedimento pode variar de acordo com o tipo de cartão.

Os bancos digitais e tradicionais dispõem de um método geral para quem solicitar um cartão de crédito, que pode exigir:

- Ter idade mínima de 18 anos;
- Possuir documentos de identificação regulares (RG/CPF);
- Atender a requisitos específicos do produto escolhido, como renda mínima;
- Preencher formulário de contratação do cartão de crédito com dados pessoais, financeiros, moradia e contato;
- Não ter histórico de inadimplência na instituição (exceto para cartões que aprovam com nome sujo).

Além disso, outros fatores também são observados durante a análise da proposta de cartão e pode contribuir para a aprovação do solicitante:

- Já ter um vínculo com o banco, por exemplo: ter uma Poupança ou conta salário na instituição;
- Possuir uma boa pontuação no score de crédito;
- Ter o nome sem restrições, dívidas ou inadimplências;

- Possuir um histórico de contas em seu nome com pagamento em dia (energia, água, internet, etc.).

Principais bandeiras de cartões aqui no brasil

A bandeira do cartão é algo muito importante e deve ser levada em conta ao solicitar a melhor opção para você. Assim, é por meio dela que um cartão pode ser aceito nos estabelecimentos, pois a bandeira cumpre o papel de intermediar a transação entre os envolvidos: banco, titular e loja.

Mas como saber qual é a melhor? Vamos analisar as principais características e benefícios das bandeiras mais conhecidas.

Mastercard

Primeiramente, a Mastercard abrange mais de 210 países e no Brasil é aceita em todos os estabelecimentos. Além disso, possui o programa de vantagens exclusivo, Mastercard Surpreenda, para trocar pontos por benefícios e experiências.

Visa

Em segundo lugar, a bandeira Visa é aceita em milhares de lojas em mais de 200 países conveniados e abrange todos os estabelecimentos no Brasil. Além disso, dispõe do programa de vantagens Vai de Visa para ter descontos em produtos e serviços.

Elo

Uma bandeira 100% brasileira que já soma milhões de clientes em seus 10 anos de existência. Mas a Elo não fica restrita ao Brasil, pois é aceita em mais de 200 países para comprar onde e quando quiser. Além disso, ela oferece ofertas e promoções especiais em lojas parceiras.

American Express

A American Express é uma marca global de produtos e serviços financeiros e sua bandeira na verdade é a **Amex**, amplamente aceita em todo o mundo. Assim, o cartão com bandeira Amex permite acesso ao Programa Membership Rewards em que é possível trocar pontos por recompensas.

Hipercard

Por fim, muitas mudanças já envolveram a marca brasileira Hipercard nos últimos anos. Mas, atualmente, a empresa deixou de ser uma bandeira para dar lugar ao *co-branded*, criando um único Cartão Hipercard Internacional, emitido pelo banco Itaú.

Portanto, em termos de abrangência, todas bandeiras são aceitas em território nacional e em diversos países pelo mundo. Além disso, seus programas de vantagens oferecem benefícios exclusivos para os clientes. Dessa forma, é importante avaliar cada um para escolher a melhor opção para seu perfil.

Principais benefícios do cartão de crédito

Primeiramente, se você já tem um cartão de crédito, deve que observar se ele tem o benefício de acumulo de pontos, milhas, seguro proteção de preço ou *cashback*. Se não tiver, cancele e procure outro que tenha, senão vai estar perdendo dinheiro.

Vamos conhecer esses programas.

1. Programa de milhas

O programa milhas é uma das formas de **viajar trocando pontos por passagens aéreas.** Para utilizar, é necessário verificar se seu cartão de crédito oferece esse tipo de vantagem e cadastrar-se em uma plataforma. As mais conhecidas são:

- TudoAzul - é o programa de milhas oferecido pela companhia aérea azul. O viajante que participa do programa pode acumular milhas viajando com a própria companhia e com empresas parceiras internacionais, como a TAP e a United.
- Smiles - oferecida pela Gol e com mais de 59 companhias aéreas parceiras, o que facilita muito para o participante. O participante pode acumular milhas voando com a Gol e com as companhias parceiras, transferindo os pontos do cartão de crédito, fazendo compras e utilizando outros serviços do programa, como reservas em hotéis e aluguel de carros.
- LATAM Pass - é da companhia aérea LATAM. Os participantes do programa podem acumular pontos com o cartão de crédito, comprando passagens aéreas com a companhia, realizando com-

pras online, reservando hospedagens em hotéis parceiros e no abastecimento de veículos. O programa tem os chamados "pontos LATAM Pass", que podem ser trocados por prêmios, e os "pontos qualificáveis", que são utilizados para subir de categoria.

É importante escolher a plataforma de acordo com a sua preferência de linha aérea, **lá você poderá resgatar seus pontos/milhas por passagens ou vendê-las.**

2. *Cashback*

Outra maneira de ganhar dinheiro com o cartão de crédito é aproveitando o *cashback*. Atualmente, esse benefício está cada vez mais comum e funciona da seguinte maneira: sempre que realizamos compras com o cartão, temos o direito de receber uma porcentagem do valor de volta. Esse dinheiro pode ser usado como desconto na fatura ou para saques, transferências etc.

Dependendo do cartão de crédito é possível acumular até 3% de *cashback*. Felizmente, o mercado brasileiro conta com várias opções de plástico que oferecem esse benefício. Além disso, muitos não exigem renda mínima e nem cobram anuidade. Ou seja, você terá baixo custo para usar esse serviço e ainda vai ganhar dinheiro de volta.

3. **Seguro proteção de preço**

Poucas pessoas conhecem os benefícios oferecidos pelos cartões de crédito e, por isso, deixam de ganhar. Assim, o seguro proteção de preço é uma maneira indireta de fazer dinheiro. Talvez você nunca tenha ouvido falar a respeito dessa vantagem. Na prática, esse seguro cobre o valor de produtos que você comprou.

Assim, imagine que você comprou um tênis por R$ 200,00 e uma semana depois encontrou o mesmo produto por R$ 150,00 em outra loja. Nesse caso, é possível acionar o seguro proteção de preço e receber de volta os R$ 50,00 de diferença. Essa é uma maneira indireta de ganhar dinheiro com cartão de crédito e deve sempre ser considerada.

É importante ressaltar que, nessa estratégia, além de receber a diferença se o seu cartão acumula pontos, você não tem desconto na pontuação. Ou seja, mais milhas por menos e, consequentemente, mais dinheiro ao aplicar a estratégia número um. Outro detalhe sobre o seguro proteção de preço é que ele não está disponível em todos os cartões.

4. Descontos e ofertas exclusivas

Podemos considerar que ter acesso a certos benefícios gratuitamente também é uma forma de ganhar dinheiro. Afinal, o montante que usaríamos para custear uma determinada experiência pode ser aplicado em outras coisas. Nesse sentido, saber aproveitar os descontos e ofertas exclusivas é fundamental.

Um bom exemplo são os cartões que oferecem acesso gratuito às salas VIP. O valor para visitar essas salas costuma ser alto. Da mesma forma, alguns cartões dão *upgrade* de categoria em programas de hotéis e isso significa gastar menos nas viagens.

Quem participa de programas de hotel sabe que em *status* de elite os participantes contam com *upgrade* de quarto gratuito e outros benefícios como *late check-out*, desconto na tarifa, cortesias e muito mais. Por fim, é possível aproveitar os programas de recompensa das bandeiras.

Ninguém dá muita bola para os programas das bandeiras dos cartões. Mas vira e mexe essas plataformas oferecem descontos e promoções exclusivas. Por exemplo, você pode garantir ingressos de shows concorridos e ainda pagar com desconto, visitar restaurantes famosos e pagar apenas metade da conta, comprar 2 produtos pelo preço de 1 e por aí vai.

Como usar o cartão de crédito de forma inteligente?

Hoje em dia, é muito fácil tirar proveito das suas compras no cartão de crédito. Já existem diversos programas de recompensas e sempre estão surgindo novos a partir da parceria entre empresas. Dependendo do seu perfil de consumo, a maior parte dos programas é vantajosa, mesmo que seja para conseguir pequenos descontos e economizar em uma nova compra.

No entanto, vale ressaltar que você jamais deve realizar uma compra só pensando em acumular mais pontos. Os pontos devem ser consequência de uma compra necessária e não a motivação para você comprar. Essa segunda opção é a cara do consumismo, o qual você deve evitar a todo custo, principalmente se a sua intenção for alcançar a independência financeira algum dia.

Por fim, não deixe de controlar todas as suas despesas com o cartão de crédito, essa atitude é fundamental para que você mantenha o controle financeiro.

O cartão de crédito pode ser um bom aliado se usado de maneira inteligente. Além dos exemplos citados, trouxemos mais algumas dicas que te ajudarão a otimizar seus gastos. Confira!

1. _Concentre seus gastos no cartão_

Com todas essas diferentes vantagens (*cashback*, pontos, milhas, descontos etc.), está cada vez mais evidente que fazer compras no débito pode não ser mais a melhor opção.

Entretanto, você deve ter cuidado ao concentrar seus gastos no cartão de crédito. Tem que haver disciplina e saber que o limite do cartão não é o mesmo que sua renda, para você não gastar mais do que ganha.

2. _Pague sempre o valor total da fatura em dia_

Essa é a dica mais óbvia, porém, com certeza a mais importante de ser lembrada. Para fugir das taxas e dos juros de atraso, é importante pagar sua fatura dentro da data de vencimento porque, além disso, você ganhará o direito de aproveitar os outros benefícios citados anteriormente.

3. _Tenha menos cartões_

Para aqueles que sentem dificuldades de controlar seus gastos, ter poucos cartões é uma ótima solução para não se perder nas contas. Afinal, ao se ter menos cartões, seus gastos ficarão mais concentrados e consequentemente será mais fácil para que você os controle e aproveite as vantagens de pontos, descontos, *cashback*, milhas etc.

Quais as principais formas de aproveitar os benefícios do seu cartão de crédito?

Você pode tanto ganhar parte do dinheiro que gasta ao pagar as faturas do cartão quanto pode aproveitar os benefícios dos programas de fidelidade e trocar por produtos e serviços do seu interesse, economizando seu dinheiro.

Confira a seguir algumas dicas de como utilizar o cartão para fazer uma renda extra.

1. _Use cartão de crédito com_ cashback

Os programas de *cashback* dos cartões de crédito tornam muito simples a oportunidade de ganhar uma renda extra ao utilizar o seu cartão. Para isso, basta que você realize compras no seu cartão de crédito e, ao pagar a fatura, você **receberá uma porcentagem do que gastou de volta na sua conta bancária**.

Vale lembrar que, além dos programas de *cashback* do cartão de crédito, ainda há **plataformas de *cashback*** como:

- Ame digital;
- Méliuz;
- Picpay.

Elas também permitem que você realize compras em lojas parceiras e receba uma porcentagem do gasto de volta. Ao usar o seu cartão de crédito com *cashback* para realizar compras dentro dessas plataformas, você potencializa seus retornos.

Além de ser uma ótima dica para evitar dívidas no cartão de crédito, colocar suas faturas no pagamento em débito automático na sua conta pode te dar *cashback*. Essa vantagem é encontrada, por exemplo, no banco Inter, que oferece a partir de **0,25% de *cashback*** no valor de faturas de cartão de crédito **pagas no débito automático**.

2. *Utilize o programa de pontos do cartão*

Os programas de pontos do cartão de crédito são mais uma forma dos bancos e outras instituições financeiras **fidelizarem seus clientes a partir de vantagens oferecidas** ao se utilizar o cartão.

Existem programas de pontos nos bancos famosos como Livelo (BB e Bradesco), IUPP (Itaú), Esfera (Santander), Coopera (Sicoob) e Pontos Caixa (Caixa), com que, ao realizar compras no seu cartão de crédito e pagar suas faturas em dia, você ganha pontos que podem ser trocados por:

- Produtos e serviços dentro das próprias plataformas de fidelidade dos bancos ou de parceiros;
- milhas e negociá-las em agências aéreas;
- abastecimento em postos de gasolina parceiros.

Ao utilizar os programas de pontos para trocar por produtos e serviços que você deseja, você economizará em compras e gastos ou ganhando descontos na sua fatura, tudo depende do programa de pontos escolhido.

Por isso, observe sempre se o seu cartão de crédito tem a opção de ganhar pontos e sempre fique atento ao seu vencimento, para não perder dinheiro.

3. *Ganhe e negocie suas milhas*

Em parcerias com agências de viagens, os bancos conseguiram gerar ótimos cartões de crédito para acumular milhas, o que te possibilita **trocá-las pelos benefícios das plataformas de fidelidade de agências aéreas**.

Dessa maneira, o **valor pago é convertido numa quantidade de milhas** estabelecida pelo programa de vantagens do seu cartão de crédito após o pagamento da fatura. Por exemplo, caso o programa do seu cartão ofereça 1 milha a cada R$2,00 gastos, gastando um total de R$1.000,00 no cartão de crédito, você terá um total de 500 milhas após o pagamento da fatura mensal.

As milhas podem ser trocadas e utilizadas para obter:

- Renda extra (ao negociar milhas);
- passagens aéreas;
- acessos às salas vips em aeroportos;
- aluguel de carros;
- hospedagem em hotéis, pousadas etc.

4. *Pague suas contas com o cartão de crédito*

Já imaginou ser remunerado por pagar suas contas de água, luz e boletos? Parece um sonho, mas é realidade. **Com aplicativos de carteira digital,** como Picpay, 99 Pay e RecargaPay, você consegue cadastrar seu cartão de crédito na plataforma e pode receber parte do valor gasto de volta ao realizar algum pagamento com o cartão.

Além disso, ao concentrar todas as suas contas de consumo e boletos no cartão de crédito, **você pode ganhar muito mais pontos e milhas com os programas de fidelidade**. Enquanto isso, o dinheiro que iria pagar essas contas pode ser investido para posteriormente pagar a fatura.

5. *Transforme parte do seu limite em dinheiro*

Outra maneira de utilizar os aplicativos de carteira digital para ganhar dinheiro com cartão de crédito é transferindo parte do seu limite do cartão. Aplicativos como Iti do Itaú, Picpay, 99pay e outros permitem que você cadastre seu cartão de crédito e **transfira parte do limite do seu cartão para a sua carteira digital**.

Por exemplo, se você tem R$1.000,00 de limite livre, você pode gerar um boleto de R$500,00 na sua carteira digital e pagar com o seu cartão de crédito. Dessa forma, você terá a quantia paga pelo cartão disponível para utilizar como quiser.

Porém, é importante que você tenha pleno controle do seu orçamento financeiro antes de fazer essas transações, já que **esse valor transferido irá ser cobrado na fatura do seu cartão de crédito** e você terá que pagar a fatura completa para não perder dinheiro, pagando juros altos com fatura mínima.

6. *Use os benefícios da bandeira do cartão*

Algumas bandeiras, como Visa e Mastercard, possuem programas de fidelidade que oferecem benefícios exclusivos. Ao se cadastrar nesses programas de fidelidade, os donos dos cartões ganham pontos que podem trocar por outros produtos e ter desconto ou **acesso a lugares como restaurantes, salas VIP de cinema e aeroportos**, entre outras vantagens.

7. *Compre utilizando o Seguro Proteção de Preço*

O SSP ou Seguro Proteção de Preço é um benefício das bandeiras de cartões de crédito pouco conhecido, porém muito vantajoso para quem sabe utilizá-lo com sabedoria.

Com ele você pode realizar compras pelo seu cartão de crédito e, caso encontre o mesmo produto por um valor abaixo do que você pagou, então pode recorrer a esse benefício para **receber a diferença paga a mais em comparação ao novo valor encontrado.**

Porém, você deve estar ciente das regras dessa cobertura, que normalmente mudam de acordo com a bandeira do cartão. Além disso, normalmente, você **tem um período limite de 30 dias para recorrer e** receber a diferença entre o valor pago e o novo valor encontrado.

8. *Abasteça em postos de programas de fidelidade e ganhe pontos*

Existem formas de ganhar dinheiro abastecendo seu veículo, ou seja, você se cadastra em algum programa de pontos de alguma rede de postos de combustíveis e a cada 1 real gasto, você pode ganhar 2 pontos. Veja alguns programas mais conhecidos:

- **Premmia** é programa de fidelidade da rede de postos Petrobras. Você se cadastra, acumula pontos sempre que consumir nos postos participantes, lojas BR Mania e Lubrax+, e pode trocá-los por ofertas incríveis. São produtos, serviços e descontos em diversos parceiros;

- **Shell Box** funcionada seguinte maneira: todas as vezes que você abastecer em um posto que aceita o app, você acumula pontos que valem milhas Smiles ou descontos nos próximos abastecimentos. Cada litro de combustíveis da Família Shell V-Power = 2 pontos = 2 milhas;
- **Ipiranga de Vantagens** é o programa de fidelidade dos postos Ipiranga. Toda vez que você abastece ou compra produtos nos postos credenciados, nos sites Ipiranga ou nos parceiros, o valor gasto é convertido em pontos que são chamados de Km e podem ser trocados por benefícios, produtos ou milhas.

CONCLUSÃO

Existem várias formas de você aproveitar os benefícios do seu cartão de crédito, seja abastecendo seu carro — que será abastecido de uma forma ou de outra —, seja usando-o para pagar gastos do seu dia a dia, como roupas, comida etc. — que, da mesma forma, serão gastos que você já terá. Então por que não fazer essas compras sempre no cartão e ganhar com isso?

Também podemos pagar nossos boletos mensais, como escola, energia, água, condomínio etc. no cartão e também ganhar com isso.

Portanto, utilize seu cartão de crédito com sabedoria, e lembre-se que o seu limite não é a mesma coisa que sua renda. Isto é, se usá-lo de forma inteligente, vai perceber que é um grande gerador de dinheiro, porém, se você for uma pessoa descontrolada com suas finanças, comprador compulsivo, te aconselho a usá-lo com moderação, pois pode ser um gerador de dívidas, que, por sinal, são as mais fáceis de acumular e as mais difíceis de finalizar.

CAPÍTULO 4

MULTIPLICAÇÃO DE PATRIMÔNIO

Neste capítulo vou te mostrar 5 opções de multiplicação do patrimônio

Depois de aprender a organizar suas finanças, saber usar mais sua cabeça do que seus braços, saber reconhecer seu perfil de investidor e conhecer os tipos de investimentos em renda fixa e variável existentes no mercado financeiro brasileiro, você já está preparado para conhecer mais a fundo quais investimentos vão te dar a possibilidade de multiplicação de patrimônio.

Vamos focar em algumas dessas formas, como o empreendedorismo, e você vai descobrir que não se consegue enriquecer se não empreender. Outra forma de multiplicação rápida de patrimônio são os investimentos em imóveis, ou seja, você vai aprender um pouco sobre esse tipo de investimento também. E, por fim, outro muito importante no nosso mercado financeiro também, que é considerado o principal gerador de riqueza do mundo: a BOLSA DE VALORES.

OPÇÃO 1 - BOLSA DE VALORES

Antes de investir em qualquer coisa, sempre se deve saber o que se está fazendo, pois o conhecimento gera riqueza. Então vamos aprender como funciona a bolsa de valores brasileira, local em que se negociam os principais papéis de renda variável do mercado.

O conhecimento é o ativo mais importante do mercado acionário. Mesmo os investidores mais experientes e os profissionais da bolsa, como os assessores e consultores, nunca param de estudar. O estudo e acompanhamento das mudanças e notícias podem evitar que você tome decisões equivocadas e auxiliar no seu processo de amadurecimento como investidor. Como Benjamin Franklin já disse: o investimento em conhecimento é o que rende os melhores juros.

Como você sabe, a renda variável é e sempre será volátil. Indicadores, indexadores, notícias, estatísticas, cotações, legislações e estratégias mudam em questão de minutos. Para isso, busque por fontes confiáveis e autores renomados. Faça cursos, leia livros, acompanhe os passos dos maiores investidores do mundo e, se necessário, procure ajuda profissional.

Para ajudar nos seus primeiros estudos de como começar a investir na bolsa de valores, separamos os conceitos, estratégias e termos básicos que você precisa conhecer o quanto antes para começar seus investimentos.

O que é bolsa de valores

Uma bolsa de valores é um ambiente de negociações financeiras. Nela, negociam-se ações, títulos de dívida, contratos futuros, *commodities*, cotas de fundos, entre outros. A bolsa de valores funciona como um mercado organizado para a negociação dos ativos financeiros. O mais popular ativo é a ação (uma pequena parte de uma empresa).

Os principais objetivos de uma bolsa são manter um local de reunião adequado para compradores e vendedores, além de manter a segurança e transparência nas ações transacionadas. Ao realizar uma operação, a bolsa de valores é responsável por fazer a compensação, registro e a atualização dos papéis dentro desse ambiente.

Há mais duas funções desempenhadas pela bolsa de valores:

- *Agente de custódia*: consiste na guarda centralizada de todas as negociações realizadas, por exemplo, ao comprar um título do Tesouro Direto, a BM&F Bovespa faz a guarda desses papéis em seu nome até a venda ou resgate.

- *Agente de* clearing: faz o gerenciamento dos riscos das operações realizadas pelos investidores, por exemplo, quando você investe em minicontratos, há investimentos que podem servir como garantia, que são estabelecidos pela *clearing*.

As bolsas de valores têm papel fundamental no momento em que uma empresa abre seu capital, pois é ela quem vai gerir todo o negócio de venda e compra de ações. As cotas são divididas e, estabelecendo o preço das ações, poderão ser lançadas e vendidas no mercado, para qualquer pessoa habilitada a comprar.

Qual é a bolsa de valores brasileira?

BM&F Bovespa, que hoje é conhecida como B3

Maiores empresas negociadas: Petrobras, Itaú Unibanco, Bradesco, Vale, Ambev,

Principal índice: Ibovespa.

A B3, que fica em São Paulo, não está na lista das 10 principais bolsas de valores do mundo, mas é a maior bolsa da América Latina e a única bolsa brasileira em operação. A sua capitalização de mercado passa de R$ 4 **trilhões**.

Para investir na bolsa de valores não há um valor mínimo. Hoje você pode encontrar ações que valem centavos e outras com preços altos. O investimento também conta com demais taxas e tributos que compõem o montante necessário para começar, sendo um deles a taxa de corretagem, que incide sobre as operações realizadas. O valor varia de corretora para corretora.

A B3 faz a cobrança dos emolumentos e a liquidação da negociação. Eles equivalem a 0,0325% do total negociado. Por fim, há a taxa de custódia, que pode ser cobrada pelas corretoras de forma mensal. Ela serve para manter o seu registro junto à CBLC (Companhia Brasileira de Liquidação e Custódia).

Como funcionam os leilões da B3

Os leilões de abertura da bolsa de valores são realizados com o objetivo de **equilibrar os preços dos papéis antes da abertura** do pregão. Eles ocorrem na pré-abertura, das 9:55h às 10h. Assim, os movimentos realizados influenciam no comportamento da ação durante o dia em questão. Quando o preço de leilão é diferente da cotação de fechamento do dia anterior, temos o *gap*. Eles são importantes para as operações de *Day Trade*.

Antes do fechamento do pregão, entre às 16:55h e 17h, ocorre o leilão de fechamento ou *call* de fechamento. Esse leilão é diferente do leilão de abertura, pois só podem ser negociados os papéis que fazem parte das carteiras da Bovespa.

Os dois são abertos à participação de todos os investidores. Basta enviar uma ordem de compra ou venda durante os horários de negociação.

A B3 possui um *benchmark*, o índice Bovespa (IBOV), que é uma **carteira teórica das ações mais negociadas na bolsa de valores** brasileira. Por conta dessa representatividade, ele é considerado como o *benchmark* da renda variável, ou seja, se você quer saber se os seus papéis estão com rendimentos próximos do mercado, basta compará-los em relação a esse indicador.

O IBOV é analisado periodicamente. Por isso, as ações que compõem o índice podem mudar, bem como os seus percentuais.

Quem fiscaliza a B3

A CVM é a sigla utilizada para Comissão de Valores Mobiliários, que atua de forma a regulamentar o mercado financeiro, conciliando interesses de investidores e empresas de capital aberto.

A autarquia atua em regime especial, vinculada ao Ministério da Economia (antigo Ministério da Fazenda) e administrada de maneira autônoma, contando inclusive com patrimônio próprio, sendo considerada juridicamente independente.

Quais são as atribuições da Comissão de Valores Mobiliários:

- Estimular o mercado;
- proteger o investidor;
- observância do mercado.

Tendo como finalidade disciplinar e fiscalizar o mercado de valores mobiliários, a Comissão de Valores Mobiliários (CVM) atua guiada por seus valores para fomentar o desenvolvimento de investimentos e a proteção dos investidores.

Ao regular as atividades do setor financeiro, a CVM garante melhores condições para quem investe no Brasil. A regulação proposta acaba também estimulando o mercado, pois evita situações de monopólio e garante que uma empresa não se exceda e crie condições de concorrência desleal.

O desenvolvimento proposto pela comissão acaba diminuindo as burocracias para investir. É algo que, no fim, incentiva a entrada de um número maior de investidores no mercado financeiro.

A segurança não é garantida apenas pela fiscalização, mas também pela divulgação de informações sobre o mercado. Portanto, se quiser consultar qualquer empresa que está com papéis negociados na B3, é só entrar no site da CVM.

10 maiores bolsas de valores do mundo:

1.ª NYSE - New York Stock Exchange

Maiores empresas negociadas: Microsoft Corporation, Apple, Amazon.com, Facebook, Alphabet.

Principais índices: S&P 500, Dow Jones Industrial, NYSE Composite.

Obs.: a bolsa de valores de New York, também conhecida como NYSE, é de longe a maior bolsa de valores do mundo. A sua capitalização de mercado (somatório do valor de todas as empresas que nela são negociadas) **supera os 19 trilhões de dólares**.

2.ª **NASDAQ**

Maiores empresas negociadas: Microsoft, Apple, Amazon.com, Alphabet, Facebook.

Principais índices: S&P 500, Dow Jones Industrial, NASDAQ Composite.

Obs.: a NASDAQ é a segunda maior bolsa de valores do mundo e também tem sede em New York, na Broadway. Ela tem **13,8 trilhões de dólares** de capitalização de mercado.

Foi fundada em fevereiro de 1971 por uma associação americana de corretores e foi o primeiro mercado de ações eletrônico do mundo. Por ter as suas cotações denominadas eletronicamente, ela ajudou a diminuir o *spread* entre compras e vendas nesse mercado, ou seja, a diferença entre o menor preço de venda e o maior preço de compra de um ativo. Ela também foi pioneira nas negociações pela internet e ajudou a modernizar o processo de IPO (Initial Public Offering, ou Oferta Pública Inicial em português), e, justamente pela sua modernidade, atraiu a abertura de capital de empresas de tecnologia que iriam se tornar verdadeiros gigantes mundiais, como a Microsoft, Apple, Cisco, Oracle e Dell. Isso deu-lhe volume e tornou-a o segundo principal mercado acionário do mundo.

3.ª **Tokyo Stock Exchange**

Maiores empresas negociadas: Fast Retailing, Softbank, Tokio Electron Limited, KDDI Corporation, FanucCorporation.

Principal índice: Nikkei 225.

Obs.: a bolsa de Tokyo é a maior bolsa de valores fora dos Estados Unidos, com uma capitalização de mercado de **5,7 trilhões de dólares**.

4.ª **Shanghai Stock Exchange**

Maiores empresas negociadas: ICBC, Ping An Insurance, Petrochina, Agricultural Bank of China, Bank of China.

Principal índice: SSE Composite.

Obs.: a bolsa de Shanghai é a maior bolsa da China em capitalização de mercado, com aproximadamente **4,9 trilhões de dólares**. A maioria das bolsas do mundo são instituições privadas, no entanto, a bolsa de Shanghai é controlada pelo equivalente da CVM (Comissão de Valores Mobiliários) na China. Ela não é completamente aberta aos investidores estrangeiros, devido ao restrito controle de capitais realizado pelo governo chinês.

5.ª **Hong Kong Stock Exchange - HKEX**

Maiores empresas negociadas: Tencent, AIA, China Construction Bank, HSBC Holdings, Ping an Insurance.

Principal índice: Hang Seng Index.

Obs.: a bolsa de Hong Kong é a terceira maior bolsa da Ásia, com **4,4 trilhões de dólares** de capitalização de mercado e, por Hong Kong ser uma colônia inglesa, a sua dinâmica sempre foi diferente da bolsa de Shanghai, sendo muito mais independente do governo e mais aberta ao investidor estrangeiro.

6.ª **Euronext**

Maiores empresas negociadas: ASML Holding, Anheuser-Busch InBev, Air Liquide, Airbus, Essilorluxotica.

Principais índices: Euronext 100, CAC 40.

Obs.: a Euronext é a maior bolsa de valores da Europa, tendo uma capitalização de mercado de **3,9 trilhões de dólares**. Diferentemente de todas as bolsas anteriores, essa é uma bolsa de múltiplos países, tendo sede em Amsterdam, porém com negociação de ações também em Bruxelas, Paris, Lisboa e Dublin, e de futuros em Londres.

7.ª **London Stock Exchange**

Maiores empresas negociadas: Astrazeneca, Glaxosmithkline, HSBC, British American Tobacoo, Diageo.

Principal índice: FTSE 100.

Obs.: a segunda maior bolsa europeia é a de Londres, com capitalização de mercado de **3,2 trilhões de dólares**. Ela é uma das bolsas mais antigas do mundo, iniciando suas operações lá em 1571, sendo fundada por Thomas Gresham e aberta pela rainha Elizabeth I. Curiosamente, apenas a aristocracia podia frequentar a Royal Exchange, que não permitia o acesso dos corretores devido às suas maneiras rudes.

8.ª Shenzhen Stock Exchange

Maiores empresas negociadas: Wuliangye Yibin, China Vanke, Midea Group, Hikvision, Gree Electric.

Principal índice: SZSE 100.

Obs.: a terceira maior bolsa chinesa é a de Shenzhen, com uma capitalização de mercado de **3,5 trilhões de dólares.** Boa parte das empresas negociadas nessa bolsa são subsidiárias de empresas estatais, das quais o governo chinês é controlador.

9.ª Toronto Stock Exchange - TSX

Maiores empresas negociadas: Shopify, Royal Bank of Canada, Enbridge, Canadian National Railway Company, Brookfield Asset Manage.

Principal índice: S&P/TSX Composite.

Obs.: a bolsa de Toronto possui uma capitalização de mais de **1,62 trilhões de dólares.**

10.ª Bombay Stock Exchange - BSE

Maiores empresas negociadas: Reliance Industries, Tata Consultancy Services, Hindustan Unilever, Bharti Airtel Limited.

Principal índice: BSE SENSEX.

Obs.: a bolsa de Mumbai é a maior bolsa da Índia, com uma capitalização de mercado de **1,7 trilhões de dólares.** Ela é a bolsa mais antiga da Ásia, pré-datando inclusive as bolsas japonesas e chinesas.

Bolsa de valores do Brasil – B3

A B3 possui uma capitalização de 4 trilhões de reais e não se encontra entre as 10 principais bolsas de valores do mundo. No entanto, é a maior bolsa da América Latina. E é nela que estamos focados aqui. É possível investir em ações que são negociadas nessas 10 bolsas citadas, porém se faz necessário um outro estudo, específico, que não faremos neste livro.

O que é uma ação

Entender o que é uma ação é o primeiro conceito que você precisa conhecer para investir no mercado acionário, já que esse é o principal ativo negociado na bolsa.

As ações são as menores frações de uma empresa que abre o seu capital na bolsa — no famoso IPO. Quando você compra esse pedaço, se torna sócio dela. Simples assim.

As ações podem ser:

- Ordinárias - (ON) são aquelas que oferecem o direito de voto em assembleias e eleições empresariais. Ou seja, a ON permite que o investidor participe das decisões do negócio, podendo votar em assembleias importantes ou preferenciais, ou uma combinação entre elas, nas chamadas Units. Na bolsa brasileira são as ações com o final 3 nos códigos de negociação, como: VALE3, PETR3, RENT3, WEGE3;
- Preferenciais - (PN) são as que têm preferência no recebimento de proventos, mas não dão direito ao voto. Exemplos: ITUB4, GGBR4, PETR4.

Formação de preço de uma ação

O preço das ações varia de acordo com a lei mais básica da economia: oferta e demanda. Quando há mais compradores de um determinado preço, a ação sobe. Quando há mais vendedores, o preço cai.

Os acionistas podem investir em uma ação por diversos motivos, mas, em geral, buscam uma valorização desse investimento, seja pelo crescimento dos lucros da empresa, seja pela distribuição de dividendos.

Classificação de ações na bolsa

O mercado financeiro muitas vezes parece ter o seu próprio idioma. Você já ouviu falar em *small caps*, *microcaps* e *blue chips*, por exemplo? À primeira vista, esses termos podem assustar o investidor de primeira viagem.

E é por isso que estamos aqui: para ajudar você a entender de uma vez por todas essas expressões e deixar você por dentro de tudo.

Dentre as classificações utilizadas no mercado financeiro, *blue chips*, *small caps* e *microcaps* são as mais conhecidas. Assim, para você ficar por dentro do que representa cada uma dessas. Vamos explicar os conceitos e as diferenças entre elas. Vem ver!

Blue chips

É o termo utilizado para denominar as ações de companhias com alto valor de mercado. Assim, podem ser consideradas *blue chips* as empresas com valor de mercado entre US$ 03 e US$ 200 bilhões.

Outra característica dessas ações é que elas estão geralmente ligadas a empresas bastante conhecidas, já consolidadas no mercado e muitas vezes líderes do setor em que atuam.

Nesse sentido, as principais vantagens das *blue chips* são:

- Crescimento constante;
- alta liquidez;
- distribuição de lucros.
- Outra vantagem importante das *blue chips* é a correlação direta com o Ibovespa, o índice da bolsa brasileira. Boa parte das ações que compõe a carteira do IBOV são de empresas de alto valor de mercado.
- Assim, o índice tende a seguir a movimentação desses papéis, dando uma segurança maior aos investidores. Por outro lado, as ações *blue chips* também têm características que não são tão interessantes. Como disse, esses papéis são de empresas grandes e consolidadas no mercado. Assim, o crescimento desses ativos costuma ser mais estável, sem valorizações repentinas no curto e médio prazo.

Small caps

O termo *small caps* é uma abreviação que quer dizer "small capitalization". Traduzindo para o nosso idioma, significa "pequena capitalização". Ou seja, são ações de empresas com um valor de mercado pequeno, em média de US$ 300 milhões a US$ 2 bilhões.

Isso mesmo, embora os números pareçam altos, no universo financeiro são quantias pequenas. Assim, são incluídos nesse grupo os papéis de empresas que são novas e não são líderes de mercado, ou que já existem há mais tempo, porém fazem parte de um setor pequeno.

Portanto, a vantagem de investir em uma *small caps* é que ela oferece um maior potencial de crescimento e valorização em comparação a ações de empresas com alto valor de mercado.

Por outro lado, há também riscos nesses papéis. O principal deles é a baixa liquidez, ou seja, as *small caps* têm um número de negociações menores. Isso quer dizer que talvez não seja sempre possível vender o ativo na hora em que você desejar.

Microcaps

Uma terceira classificação de ações são as microcaps. Nesse grupo estão as menores empresas listadas na bolsa de valores. Em geral, fazem parte dessa categoria companhias cujo valor de mercado está abaixo de US$ 300 milhões. Por isso, elas são consideradas estreantes, tanto em seus setores quanto na bolsa.

Diferentemente das *blue chips*, boa parte das instituições nessa categoria ainda são desconhecidas pela maioria das pessoas. Por se tratar de empresas pequenas, as ações *microcaps* podem oferecer um grande potencial de valorização. Afinal, a companhia ainda tem um caminho para trilhar, ou seja, tem "espaço" para crescer e esse movimento pode refletir positivamente no valor do ativo.

Outra vantagem é que, por se tratar de empresas pouco conhecidas, o mercado ainda não descobriu o seu potencial. Logo, você pode aproveitar o preço baixo para garantir posições e se beneficiar do movimento de valorização do ativo.

Há também a chance de a companhia ser adquirida por outra de maior porte. Assim como nas *small caps* e *blue chips*, existem alguns riscos que o investidor deve conhecer antes de comprar *microcaps*.

Por se tratar de empresas novas, a falta de conhecimento por parte do mercado gera certa desconfiança. Esse sentimento faz com que os investidores queiram se desfazer das ações a qualquer movimento "suspeito", gerando um efeito manada.

Por esse motivo, as ações *microcaps* tendem a ser mais voláteis. Ou seja, fatores pontuais podem causar variações bruscas no preço do ativo. Como consequência, os investidores podem enfrentar uma certa dificuldade para se desfazer desses papéis. Afinal, em alguns casos a liquidez é mais baixa. Como o valor do ativo pode cair rapidamente, os investidores perdem o interesse, dificultando a venda em um momento de crise.

Como investir na bolsa de valores online – passo a passo

Investir em ações é muito simples. Para ajudá-lo, te mostrarei um passo a passo e algumas dicas incríveis para você começar ainda hoje. Confira:

1. *Escolha uma corretora de valores*: verifique se a instituição está autorizada para operar na bolsa de valores e verifique as suas taxas, visto que você também pode investir por meio de alguns bancos, embora seja um pouco mais burocrático, já que esses não possuem estrutura específica para renda variável.

1. *Abra a sua conta:* para abrir a sua conta na corretora, basta inserir os seus dados pessoais, criar um login e senha.

2. *Transfira*: transfira o dinheiro a ser investido da sua conta bancária para a conta da corretora por meio de TED de mesma titularidade.

3. *Entre na sua plataforma*: para investir em ações por meio de uma corretora, faça seu login e acesse seu *home broker*. Esse é o ambiente de negociações da bolsa de valores, em que você compra e vende os papéis. Existem sistemas mais aprimorados para se operar na bolsa que algumas corretoras disponibilizam para seus clientes, mas, de início, todos aqueles sem experiência começam pelo *home broker*.

4. *Invista*: digite a sigla do ativo desejado, por exemplo, Lojas Americanas é (LAME4). Agora, lance a sua oferta. Lembre-se de que o lote mínimo varia para cada ativo. Nas ações, ele é de 100 papéis. Também é possível comprar em unidades, mas a liquidez é bem menor.

5. *Ordem executada*: assim que o preço da sua ordem coincidir com outra oferta, ela será executada e as ações virão para a sua custódia. O valor que você pagou no lote de ações será debitado da sua conta e pronto: você acaba de se tornar um investidor!

Lembrando que você também pode autorizar um agente de investimentos a executar essas ordens de compra ou venda para você, porém ele só pode fazer isso mediante uma ordem por escrito ou por voz, sendo auditadas todas as operações desse tipo.

Estratégias de investimentos

Agora que você já sabe o que são as *small caps*, *blue chips* e *microcaps*, já sabe como começar a operar, deve estar se perguntando qual categoria de ação comprar. Essa é uma dúvida comum, especialmente entre investidores iniciantes.

Melhor do que prever qual o melhor ativo para se ter na carteira ou aquele que vai foguetear, é ter uma carteira balanceada com ativos que podem se complementar. Seja *blue chips*, *small caps* ou *microcaps*, todos têm vantagens e desvantagens.

Logo, é muito importante conhecer o seu perfil de investidor. Ou seja, você precisa responder as seguintes perguntas:

- Qual a sua experiência com o mercado de renda variável?
- Qual o seu objetivo com os investimentos?
- Como você lida com o risco de perder dinheiro?
- Qual estratégia vai adotar?

Responder essas perguntas pode dar a você um bom indicativo. Em geral, pessoas que estão começando a investir e são mais conservadoras costumam preferir ações de empresas conhecidas. Ou seja, as *blue chips*. O mesmo vale para quem busca dividendos.

Por outro lado, quem já está há algum tempo no mercado e consegue administrar bem os riscos de uma carteira mais volátil pode optar por mais ações *small caps* e *microcaps*. Assim, o investidor tem a chance de conseguir retornos mais interessantes em um curto prazo.

Ainda sobre a escolha de ativos, não podemos esquecer da importância de diversificar a carteira. Ou seja, alocar o seu dinheiro em produtos variados. Nesse sentido, pode ser interessante incluir nela *small caps*, *blue chips* e *microcaps*.

Assim, você consegue ter um desempenho melhor em seus investimentos, aproveitando o potencial de lucro dos ativos mais voláteis e a solidez das grandes empresas.

Focar no longo prazo é uma das melhores sugestões e estratégias que você pode seguir, principalmente se tratando da renda variável. Investidores de renome e influência mundial, como Warren Buffett, George Soros e Luiz Barsi, são grandes defensores do longo prazo.

Esse é um mecanismo para ganhar com o valor das empresas e de diluir riscos e perdas, visto que, no longo prazo, as empresas crescem e os juros compostos fazem toda a diferença. Uma das maiores lições sobre esse tema está no livro *Investindo em ações no longo prazo*, de Jeremy Siegel.

Mas você sabia que há diferentes tipos de *trading* que podem ser usados para lucrar com ações? Se você tem a intenção de entrar para esse mercado, precisa conhecer as principais estratégias utilizadas hoje nesse meio. Como sempre, estamos aqui para ajudar, então, irei te explicar cada uma delas.

- *Day trade*;
- *scalping trade*;
- *swing trade*;
- *position trade*;
- *buy and hold trade*;
- *stock picking*;
- *value investing*.

Aprenda um pouco sobre cada uma dessas modalidades e identifique qual mais se encaixa no seu perfil.

O que é *trading*?

Trading é o nome dado para as operações de compra e venda de ativos na bolsa de valores. Ao contrário do que muitos pensam, não existe uma única forma de investir na bolsa, mas várias. Cada uma conta com suas particularidades, o que torna esse tipo de aplicação atrativa para diferentes perfis de investidor.

Há quem invista pensando na valorização do ativo a longo prazo, ou com o objetivo de lucrar com os dividendos distribuídos pelas empresas. Já outros se identificam mais com a especulação, com um maior número de operações de compra e venda em um curto período, visando a lucrar com as oscilações dos preços.

Principais tipos de *trading* no mercado financeiro

Há várias maneiras de investir na bolsa. Cada *trader* opera da forma que mais lhe convém, de acordo com seus objetivos e com o grau de risco que está disposto a correr. No entanto, a principal diferença entre os tipos de *tradings* está no tempo médio entre uma operação e outra.

Conheça cada uma delas e suas principais características a seguir.

Day trade

Provavelmente o tipo de *trading* mais famoso, o *day trade*, conforme o nome sugere, refere-se à modalidade de operação na bolsa na qual o investidor realiza a compra e venda de ativos em um intervalo de minutos ou horas. Porém, sempre finaliza a posição no mesmo pregão, ou seja, no mesmo dia.

Em geral, para essas operações, os *traders* utilizam ativos de alta liquidez, que permitem entradas e saídas rápidas, lucrando com a diferença entre o preço de compra e venda.

Por conta do grande número de operações diárias, é comum que haja um custo maior de operação relacionado às taxas de corretagem, além de uma tributação de 20% sobre o lucro.

Por isso, é importante escolher corretoras que ofereçam taxas mais atrativas, como a XP Investimentos, a Rico, a Clear e a Toro, que são algumas das corretoras confiáveis que operam na bolsa brasileira.

Por ser considerada uma estratégia de *trading* avançada, o *day trade* é indicado apenas para investidores experientes, com um perfil de risco arrojado.

Scalping trade

O *scalping trade* é muito semelhante ao *day trade*, com a diferença de que, nessa modalidade, as operações são ainda mais rápidas, durando apenas segundos ou poucos minutos.

Por conta disso, esse tipo de *trading* requer ainda mais experiência, agilidade e conhecimento por parte do operador, que deve se manter atento para aproveitar janelas de oportunidades para lucrar com a alta volatilidade do mercado.

Por serem movimentos de curtíssimo prazo, tanto os ganhos quanto as perdas tendem a ser pequenos. Porém, quanto maior é o volume negociado, maior é a chance de lucro ou prejuízo. Logo, um *scalper* precisa ter um profundo conhecimento a respeito do mercado e experiência nesse tipo de operação.

Swing trade

No *swing trade*, as negociações são realizadas em intervalos maiores, com os investidores mantendo suas posições por dias ou até semanas.

Assim como em outros tipos de *trading*, o *swing trader* analisa os gráficos em busca de boas oportunidades de lucro, sempre tentando acertar o ponto de máxima para a venda dos ativos. Para isso, deve se manter atento às tendências do mercado.

A vantagem dessa modalidade é justamente o número reduzido de operações, o que gera um custo menor com taxas.

Position trade

Position trade é uma modalidade de *trading* de longo prazo, na qual o investidor pode manter uma posição aberta por meses, podendo chegar até um ano ou mais.

Devido ao menor número de operações, essa estratégia demanda menos tempo de dedicação, mas, ainda assim, o investidor deve se manter focado nos movimentos do mercado por meio da análise técnica, a fim de identificar o momento certo de realizar seus ganhos.

Buy and hold trade

Buy and hold trade é mais uma estratégia de investimento de longo prazo, semelhante à *position trade*, em que os investidores podem manter suas posições abertas por anos. A diferença é que a *buy and hold trade* se baseia na análise fundamentalista, partindo da situação da organização emissora dos papéis, considerando aspectos internos, mercadológicos, financeiros e até mesmo políticos — isso porque até mesmo notícias envolvendo a empresa influenciam na cotação de suas ações.

Buy and hold é uma estratégia que compõe o portfólio de renomados investidores, que também buscam identificar valor no longo prazo, como Warren Buffet.

Literalmente, significa comprar uma ação e segurá-la por anos, ou seja, não vender. Às vezes, os investidores passam mais de 10, 20 ou 30 anos com as mesmas ações.

O foco do *buy and hold* é investir em boas empresas com a mentalidade de sócio e se beneficiar do seu crescimento no longo prazo. É uma maneira de investir em ações com aportes recorrentes e olho no futuro, sem ficar tão preocupado com oscilações de curto prazo.

Stock picking

O *stock picking* é uma estratégia que consiste em comprar ações de empresas que o mercado não acredita que possam ter resultados acima da média e vendê-los quando se valorizarem. Para isso, são selecionados, de forma criteriosa, papéis de companhias que têm alto potencial de valorização ao longo dos anos.

Esse é um mecanismo muito utilizado em fundos de renda variável, pois se aposta em ativos com potencial de crescimento futuro para compor o fundo, mas que, atualmente, estão desvalorizados.

Essa estratégia exige uma gestão mais ativa do portfólio, comprando e vendendo ativos em intervalos que podem variar de algumas semanas até vários anos.

Value investing

O *value investing* é uma estratégia de longo prazo que também foca no valor das empresas, e não somente no seu preço. Em tradução livre, *value investing* significa investimento de valor e consiste em comprar ações de boas empresas a preços descontados, o que indica uma boa possibilidade de crescimento e valorização.

Normalmente, o alvo são companhias que estão sendo negociadas abaixo do seu valor real por algum motivo, mas que têm potencial de grande valor.

Qual tipo de *trading* se encaixa no seu perfil?

Conhecendo os diferentes tipos de *trading* é possível perceber que não há um melhor que o outro, uma vez que todos têm suas vantagens e desvantagens.

Investidores com perfis arrojados tendem a optar por estratégias como *scalping* e *day trade*. Já os conservadores se sentirão mais à vontade fazendo *buy and hold* ou *position trade*. Ou seja, tudo depende do seu perfil de investidor, considerando os objetivos e riscos que está disposto a assumir.

Vale lembrar que todos os tipos de *trading* oferecem riscos. Por isso, é muito importante respeitar sua tolerância a risco ao optar por uma modalidade.

Uma coisa é certa: quanto mais conhecimento, informação e experiência você tiver, melhores serão seus resultados. Logo, é importante estar sempre estudando e se atualizando — e nós podemos te ajudar nisso!

Análise de ações

Você sabe como escolher uma ação para investir? O que levar em consideração? Como fazer a avaliação se vale a pena ou não? Quando vender? A resposta é simples, mas também complexa: análise de ações.

Existem dois principais tipos de análises de ações: a análise fundamentalista e a técnica. Ambas buscam responder a mesma pergunta: essa ação vale a pena?

A principal diferença entre a análise técnica e a fundamentalista é que a técnica analisa apenas os gráficos, tentando identificar tendências de acordo com o comportamento dos preços — e não com base nos fundamentos das empresas.

Já a análise fundamentalista é voltada aos estudos de indicadores financeiros e históricos. Ela é a mais utilizada por bilionários da bolsa de valores e a que faz mais sentido no longo prazo, porque busca entender se uma empresa está financeiramente saudável e se tem perspectivas de crescimento. O foco, portanto, não está no comportamento dos preços da ação, e sim nos fundamentos das empresas.

Iremos explicar isso melhor e mais detalhadamente a seguir.

Análise fundamentalista de ações

Formas para identificar empresas sólidas e rentáveis a longo prazo

Você já parou para pensar como os investidores escolhem as ações que vão comprar? Para tomar uma decisão embasada, é preciso ter alguns critérios como referência para comparar os papéis disponíveis e, então, selecionar os melhores para negociar. Uma das maneiras de fazer isso é por meio da *análise fundamentalista*.

É comum que as pessoas acreditem que a análise fundamentalista seja complexa demais. Na realidade, ela é bastante ampla e completa — e, se realizada com critério, pode ser um instrumento poderoso para a tomada de decisão.

Vamos aprender aqui a maneira SIMPLES de se fazer uma boa análise fundamentalista de uma empresa com capital aberto na bolsa, ou seja, com essa estratégia, fica muito mais fácil escolher ações para investimento, principalmente no médio e longo prazo.

O que é análise fundamentalista?

A análise fundamentalista é o estudo da situação financeira e das perspectivas de uma empresa, com o objetivo de avaliar diferentes alternativas de investimento. A ideia é entender o negócio e a expectativa para seus resultados no médio e no longo prazo.

Basicamente, um analista fundamentalista tenta **identificar o potencial de crescimento do lucro da empresa no futuro**, porque, em geral, é isso que leva suas ações a valorizar no mercado.

Para chegar à conclusão de que as ações de uma determinada empresa são um bom investimento, um analista fundamentalista normalmente considera três aspectos diferentes:

1.º *Análise macroeconômica*

Trata-se do estudo do cenário macroeconômico em que a empresa está inserida. É uma parte importante da análise, porque o ambiente, de modo geral, também influencia as perspectivas para os negócios. Essa etapa deve considerar dados como:

- PIB (Produto Interno Bruto) do país;
- índices de inflação;
- taxa de câmbio;
- taxa de juros;
- nível de renda.

2.º *Análise setorial*

Ainda que o analista fundamentalista se dedique ao estudo dos agregados macroeconômicos, é preciso considerar que eles não afetam todos os setores da mesma maneira. Uma taxa de câmbio valorizada, por exemplo, prejudica empresas importadoras, mas beneficia as exportadoras.

Como o cenário não é uniforme, é importante avaliar seus impactos sobre cada segmento de empresas. Também é preciso considerar questões específicas, como incentivos governamentais concedidos a certos setores (e não a outros), regulamentações e até mesmo mudanças estruturais.

3.º *Análise da empresa*

É realizada por meio do estudo dos dados financeiros do negócio. Para isso, a análise fundamentalista utiliza os dados divulgados pelas próprias companhias ou fundos, além do cenário econômico. O balanço patrimonial, o lucro, o endividamento e a perspectiva de crescimento estão entre os fatores relevantes.

Para que serve e quem utiliza análise fundamentalista?

O principal objetivo da análise fundamentalista é **encontrar o valor real de uma empresa**, determinado pela performance do negócio e o cenário econômico. Descobrindo qual é ele, é possível formular uma recomendação de investimento — ou não — no papel.

Mas como chegar à recomendação de investimento? Os analistas fundamentalistas consideram que o mercado é eficiente no longo prazo, mas não necessariamente no curto. Por isso, é possível que, no momento atual, as cotações de uma ação não estejam refletindo o valor real da empresa. O que eles querem é justamente antecipar o comportamento futuro dos papéis no mercado — se para cima ou para baixo, em torno do valor real.

Normalmente, quem se interessa pela análise fundamentalista são os investidores que estão focados no longo prazo, comprando ações com o objetivo de se tornarem sócios da empresa e lucrar com ela ao longo de anos.

Diferença entre análise fundamentalista e técnica

A análise fundamentalista é uma das principais alternativas utilizadas pelos investidores para escolher as ações que comprarão — mas, é claro, não é a única. Outra escola importante é a chamada análise técnica, em que iremos nos aprofundar a seguir.

Em vez de tomar como base os fundamentos econômicos, setoriais e contábeis para encontrar as melhores empresas nas quais apostar, os analistas técnicos estudam os movimentos passados dos preços e dos volumes de negociação das ações para prever o comportamento futuro das cotações.

Para alguns analistas, as premissas desses dois tipos de análise são tão distintas que é preciso optar por um dos dois. Outros, no entanto, conseguem conjugar as características, de modo a utilizá-las juntas, cada uma para um fim: a análise fundamentalista como base para a escolha dos papéis e a técnica como ferramenta para decidir o melhor momento de comprar ou vender.

Vantagens de usar a análise fundamentalista

A análise fundamentalista é largamente utilizada no mercado de capitais e seus conceitos têm se tornado mais acessíveis aos investidores. Isso porque as corretoras de valores costumam publicar relatórios de análise periodicamente, com o detalhamento das suas escolhas e recomendações claras sobre as ações estudadas: se são boas para comprar, para vender ou para manter.

Uma das suas vantagens é o fato de ser bastante abrangente e completa. Significa que os vários aspectos relacionados às ações em análise são considerados, numa espécie de "raio-X" extenso e profundo. Assim, ela proporciona a segurança de que diferentes ângulos foram considerados antes que uma decisão fosse tomada.

E, nesse ponto, também se encontra uma desvantagem: a análise fundamentalista exige conhecimento e tempo para ser bem-feita. Sem esses elementos, o risco é realizar um estudo incompleto, com resultados ruins.

Outra vantagem é que a análise fundamentalista se aplica bem para investimentos com **foco no longo prazo**. Um investidor que pretenda comprar ações para mantê-las na carteira por muito tempo — e não operar diariamente no pregão — precisa estar certo de que está analisando todos os elementos envolvidos no negócio. A análise fundamentalista proporciona esse nível de clareza.

Principais críticas

Além da necessidade de conhecimento específico e de tempo para realizar um estudo que envolve tantos aspectos, uma crítica comum à análise fundamentalista é o fato de que, muitas vezes, os movimentos do dia a dia do mercado não refletem as perspectivas apontadas pelos analistas. Isso se deve, principalmente, à desconexão de expectativas.

O princípio da análise fundamentalista é que, no longo prazo, as cotações de mercado dos ativos convergirão para o seu valor real. Mas isso leva tempo para acontecer. Por isso, os investidores interessados em operar com maior frequência no pregão provavelmente não se sentirão satisfeitos com esse tipo de estudo.

Como funciona a análise de fundamentos

A análise de fundamentos é a etapa em que, efetivamente, as empresas são estudadas nos seus detalhes. O objetivo final é determinar o chamado "valor intrínseco" das suas ações.

Para chegar lá, o analista precisa ser capaz de entender:

- Potencial de crescimento da empresa;
- nível de risco da empresa, no que diz respeito ao negócio em si, à alavancagem financeira e à sua capacidade de captação;
- flexibilidade financeira da empresa, no que diz respeito a seus recursos próprios, seus ativos e seu acesso a recursos de terceiros.

Valor intrínseco (valor real de uma ação)

O valor intrínseco de uma ação é obtido depois que o analista fundamentalista considerou todas as informações disponíveis sobre a empresa e as aplicou em seus estudos. De maneira simplificada, é quanto ele acredita que o papel deveria estar valendo no mercado. Ele pode ser chamado de outras formas, como valor real ou preço justo.

Às vezes, o valor intrínseco encontrado pelo analista é maior do que as cotações de mercado atuais da ação. Na visão fundamentalista, esse seria um bom papel para comprar, já que embutiria um potencial de alta no longo prazo. Em outros casos, o analista conclui que o valor intrínseco é menor do que o de mercado, o que é um sinal de atenção: talvez seja melhor escolher uma ação diferente para investir.

As principais informações que precisam ser consideradas por um analista para calcular o valor intrínseco de uma ação estão presentes em documentos divulgados pelas próprias empresas, que você vai conhecer a seguir.

Balanço patrimonial

Uma boa maneira de compreender o que é o balanço patrimonial é pensar nele como uma foto que apresenta seus bens, direitos e obrigações em um determinado momento. Isso envolve, por exemplo, os imóveis da companhia, suas aplicações financeiras, empréstimos que tenham sido realizados, impostos a pagar, despesas com fornecedores, entre outros. O balanço indica a origem dos recursos e em que esses são aplicados.

Demonstração do Resultado do Exercício (DRE)

Se o balanço patrimonial é a foto de um momento, a demonstração do resultado é como um pequeno filme que sintetiza o que aconteceu com o fluxo financeiro da empresa durante um certo período. Esse documento permite entender a performance da companhia, pois ele resume quais foram as receitas obtidas e as despesas realizadas, chegando a uma conclusão: ou ela teve lucro, ou teve prejuízo.

É importante ressaltar que a DRE sempre se refere a um período específico. Normalmente, as empresas divulgam seus resultados a cada trimestre, mas também compilam os números de 12 meses.

Demonstrativo do Fluxo de Caixa (DFC)

Esse documento apresenta como o saldo de caixa da empresa mudou ao longo do tempo, considerando as atividades operacionais, as atividades de financiamentos e as atividades de investimentos. É como se ele indicasse a maneira como o dinheiro que a companhia obteve com suas receitas se movimentou dentro dela.

Análise quantitativa e qualitativa

Pelo fato de envolver uma quantidade muito grande de indicadores, a análise fundamentalista costuma ser dividida em dois grandes momentos:

- Análise quantitativa, quando o analista está preocupado em olhar para os números das empresas de maneira objetiva;
- Análise qualitativa, quando as atenções do analista se voltam para outros aspectos. É o caso da equipe de gestão da companhia, por exemplo, além do peso da sua marca e da sua reputação no mercado.

Principais indicadores

Com base nos dados coletados nos balanços patrimoniais e demonstrações de resultados das empresas, os analistas fundamentalistas calculam uma série de indicadores fundamentalistas, que ajudam a avaliar o potencial de uma ação. A seguir, você conhecerá alguns dos principais deles, também chamados de "múltiplos".

PL (Preço/Lucro)

É considerado o mais tradicional, completo e difundido entre os indicadores utilizados pelos analistas fundamentalistas. Para chegar ao valor do PL, é preciso dividir o preço de uma ação — sua cotação na bolsa de valores — pelo lucro líquido da empresa por ação. Normalmente, ao realizar a conta, toma-se como base o valor projetado do lucro líquido para o ano corrente. Também é possível utilizar o resultado do último exercício como referência.

Simplificadamente, o PL indica o número de anos necessários para o investidor receber de volta o valor que investiu sob a forma de dividendos. O cálculo pode ser aplicado a empresas de todos os setores e permite que elas sejam comparadas entre si.

P/VPA (Preço/Valor Patrimonial)

O P/VPA compara o valor de mercado de uma empresa com seu valor contábil. Diferentemente do PL, não é um indicador relacionado à rentabilidade. É calculado dividindo-se o preço por ação — a cotação na bolsa de valores — pelo valor patrimonial ajustado da empresa, também por ação. Para obtê-lo, é necessário recorrer aos balanços da companhia.

O resultado do cálculo do P/VPA de uma ação pode ser maior ou menor que 1. Ele supera um quando o valor de mercado é superior ao patrimonial. Significa, na prática, que o mercado tem uma expectativa sobre a empresa que sua contabilidade nem chega a refletir. Quanto maior for o número, mais valorizada a ação está, o que demonstra que a opinião do mercado sobre a gestão e as perspectivas da companhia é positiva.

Um P/VPA menor do que 1 indica que o papel está barato, pois seria possível comprá-lo no mercado por um valor menor do que o do seu patrimônio. E por "barata" não se entende, necessariamente, que há uma pechincha à vista. Ela pode estar desvalorizada simplesmente porque os investidores não enxergam nela um potencial de crescimento e ganho à frente. No geral, pode indicar também que os investidores duvidam da capacidade de geração de caixa da empresa.

DY *(dividend yield)*

Esse indicador pode ser traduzido como taxa de retorno com dividendos. Representa os ganhos diretos obtidos pelos investidores com a distribuição de dividendos pelas empresas das quais possuem ações, em relação ao preço pago pelos papéis. É calculado dividindo o valor esperado em proventos, por ação, pelo preço atual do papel.

De modo geral, pode-se dizer que quanto mais alto é o *dividend yield*, melhor para o acionista, pois maior será a rentabilidade com dividendos do investimento. Essa análise, no entanto, deve ser feita com cuidado. Uma ação pode ser que esteja muito desvalorizada por apresentar um *dividend yield* alto, o que não significa que ela será sempre um bom investimento.

O indicador é bastante eficiente para comparar ações de negócios estáveis. Já no caso de empresas em crescimento, que usualmente preferem reinvestir o lucro a distribui-lo aos acionistas, aplicar o *dividend yield* na análise faz menos sentido. Muitas vezes, elas só pagam proventos para cumprir com obrigações legais.

ROI *(retorno sobre investimento)*

O ROI representa o retorno sobre o total de investimentos realizados pela empresa. De maneira mais simples, representa a capacidade dos ativos da companhia de gerar lucro. Um ROI de 0,3 (ou 30%), por exemplo, indica que cada R$ 1 do ativo da empresa gera R$ 0,30 de lucro. É calculado pela divisão do lucro líquido registrado durante um exercício pelo valor do ativo total.

Ebitda

A sigla vem do inglês — *earnings before interest, taxes, depreciation and amortization* — e significa "lucro antes de juros, impostos, depreciação e amortização". Esse indicador representa o resultado da operação em si da empresa — ou seja, indica quanto as suas atividades principais estão gerando de lucro, sem incluir nessa conta possíveis investimentos financeiros, empréstimos ou impostos.

Esse indicador também é definido como uma métrica da geração de caixa operacional. Embora seja muito visado pelos analistas fundamentalistas, o Ebitda não é uma métrica reconhecida nas práticas contábeis adotadas no Brasil. Por isso, ele pode não ser exibido nos balanços de algumas empresas. É preciso calculá-lo por conta a partir de números encontrados nas demonstrações de resultados das companhias.

Indicadores econômicos

Se o balanço patrimonial e as demonstrações de resultados são a base da análise dos fundamentos das empresas, os analistas precisam buscar outros tipos de informações — e em outras fontes — para realizar as análises macroeconômica e setorial.

Muitas vezes, a análise fundamentalista demanda acompanhar inclusive indicadores econômicos internacionais, já que a performance de outros países também pode influenciar os rumos da economia do Brasil. Conheça alguns dos mais relevantes.

FED

FED é a sigla para Federal Reserve System (Sistema de Reserva Federal), como é chamado o banco central americano. A organização é independente do governo e sua atuação tem dois objetivos principais. Um é a estabilidade de preços, com o controle da inflação. O outro é o máximo emprego nos Estados Unidos.

Para alcançar esses dois objetivos, o FED utiliza algumas ferramentas para alterar as condições monetárias e de crédito no país. Algumas delas são suas decisões sobre os juros de curto prazo e a emissão (e recompra) de títulos públicos americanos. Além disso, também são funções suas atuar na regulação e supervisão das instituições financeiras dos EUA, garantir o abastecimento de papel-moeda e ser o banco do governo e o banco dos bancos.

Por ser a autoridade monetária da maior economia do mundo, as ações do FED são acompanhadas com atenção e rigor pelos analistas fundamentalistas.

PAYROLL

Assim é chamado o relatório de emprego dos Estados Unidos. Ele traz dados completos sobre o mercado de trabalho e ajuda a entender a situação econômica do país. Divulgado mensalmente, também é chamado de Nonfarm Payroll na imprensa americana, já que reúne dados sobre a folha de pagamentos não-agrícola americana.

Produzido pelo Bureau of Labor Statistics, o *payroll* mostra informações de toda a força de trabalho americana, fora o setor primário, e indica quantas pessoas recebem salário no país. Também indica quantos postos de trabalho foram criados e fechados, além da taxa de desemprego. É publicado toda primeira sexta-feira do mês, às 8h30 no horário local (normalmente, 9h30 no horário de Brasília).

IBC-Br

A taxa de crescimento do Índice de Atividade Econômica do Banco Central do Brasil — ou, resumidamente, IBC-Br — é considerada uma prévia do Produto Interno Bruto (PIB). Divulgado desde março de 2010 pelo Banco Central (BC), trata-se de um indicador agregado da atividade do país, incorporando variáveis sobre o desempenho dos setores da economia.

Embora haja semelhanças — como o uso da estrutura do Sistema de Contas Nacionais (SCN) nos cálculos —, existem muitas diferenças entre o IBC-Br e o PIB, levantado pelo IBGE. A começar pela periodicidade, que é mensal no caso do IBC-Br e trimestral no caso do PIB. Também há distinções conceituais e metodológicas.

IPCA

Um dos índices de inflação mais tradicionais e importantes do Brasil, o Índice de Preços ao Consumidor Amplo (IPCA) foi criado em 1979. O objetivo do indicador é medir a variação dos preços de um conjunto de produtos e serviços vendidos no varejo e consumidos pelas famílias brasileiras. Mensalmente, o número indica se os preços, na média, aumentaram, diminuíram ou permaneceram estáveis.

O indicador é chamado de "amplo" porque procura abranger a realidade de consumo de 90% das pessoas que vivem nas áreas urbanas no país. A metodologia inclui as famílias com rendimentos de 1 a 40 salários-mínimos, qualquer que seja a fonte de renda. Entre os dias 1º e 30 de cada mês, são coletados os preços em lojas, estabelecimentos de prestação de serviços e concessionárias de serviços públicos (como água ou energia elétrica).

O IPCA é muito importante porque é o indicador de referência para o sistema de metas de inflação, criado em 1999. O país se compromete a adotar estratégias para conseguir manter a inflação dentro de uma faixa fixada pelo Conselho Monetário Nacional (CMN). O Banco Central é o principal agente desse sistema e tem na taxa básica de juros — a Selic — uma ferramenta fundamental. Se o IPCA começa a apontar para uma inflação mais alta, o Banco Central precisa agir com a Selic para fazê-lo retornar à meta.

Selic

Você acabou de ler que o Brasil adota um sistema de metas de inflação e a Selic, como é chamada a taxa básica de juros da economia brasileira, é a mais importante ferramenta do Banco Central para controlar a evolução dos preços. Quando os preços começam a subir de maneira perigosa, o Comitê de Política Monetária (Copom) do Banco Central tende a elevar a Selic. Isso porque taxas mais altas tendem a encarecer o crédito e reduzir o consumo.

Por outro lado, nas épocas em que os preços caem, o Banco Central tem mais liberdade para reduzir os juros e estimular o aquecimento da economia. Para os analistas fundamentalistas, acompanhar essa dinâmica é muito importante, já que o crescimento e os investimentos das empresas costumam ser estimulados por taxas mais baixas.

Portanto, a análise fundamentalista busca responder perguntas dos investidores no momento de avaliar as empresas. Lembre-se de que ela é focada no longo prazo, e não é utilizada em operações de especulação, que buscam lucro no curto prazo.

Para entender a função dessa análise, é importante saber que as ações representam uma fração ideal do capital social de uma empresa listada na bolsa. Quem compra uma ação se torna sócio da companhia e pode ter ganhos pela valorização dos papéis e pelo recebimento de proventos.

Assim, quando o acionista fica com a ação em sua carteira, o seu patrimônio varia conforme a cotação dos papéis. Para buscar lucro, o objetivo é comprar uma ação e vendê-la posteriormente, depois de muitos anos, por um preço maior.

O preço das ações varia livremente conforme a oferta e a demanda. Ou seja, depende do interesse dos investidores e especuladores pela companhia. A compra e venda funcionam como um mercado: quanto mais investidores interessados e menos oferta, maior será o preço.

Por outro lado, se não há um volume alto de negociações e existe muita oferta, a cotação cai. Nessa dinâmica, a oferta e demanda é influenciada por diversos fatores, por exemplo, os resultados da companhia, sua previsão de lucros, sua perenidade e outras questões.

Como existem diversas estratégias, a escolha dependerá de sua análise pessoal. Vale a pena se basear em seus objetivos, afinidades com setores ou empresas e na sua estratégia de investimento. Esse passo é fundamental para filtrar os negócios da sua análise e deixá-la mais focada.

Análise técnica/gráfica de ações

Quando um investidor já sabe o que são ações e como investir nelas, o próximo passo é descobrir qual método usará para saber quais são as ações que têm maior chance de subir ou cair, qual a hora certa de comprar e vender um papel.

Na hora de investir em alguma ação ou derivativo, as duas principais escolas que auxiliam o investidor a tomar essa decisão são a análise fundamentalista e a **análise técnica**.

Frequentemente, a análise técnica é vista como o caminho mais curto, pois não depende de muitas equações nem de um extenso estudo sobre o setor, o negócio de uma empresa e suas particularidades, como ocorre na análise fundamentalista.

Neste livro você vai entender o que é e como utilizar a análise técnica para investir em ações e você vai conhecer os principais padrões gráficos usados para se operar na bolsa de valores.

O que é análise técnica de ações

Também chamada de análise gráfica, é uma forma de prever os movimentos das ações utilizando-se do histórico delas por meio do gráfico. A análise técnica foi popularizada pelo jornalista Charles Dow, fundador do *Wall Street Journal* e que também empresta seu nome ao mais tradicional índice acionário dos Estados Unidos, o Dow Jones.

Para Dow, um investidor que tivesse apenas informações públicas (ou seja, não tivesse acesso a informações privilegiadas) à sua disposição dificilmente conseguiria lucrar com uma ação tentando precificá-la de modo mais eficiente do que o mercado inteiro. "Os preços descontam tudo, exceto os atos divinos", dizia o jornalista.

Isso significa que, tirando-se casos de eventos imponderáveis como desastres naturais, ataques terroristas ou epidemias, os preços dos ativos sempre refletiriam todas as informações disponíveis em um determinado momento. Assim, a oscilação nas cotações não teria tanto a ver com a visão dos investidores acerca da condução dos negócios por uma empresa, mas refletiria a percepção psicológica das pessoas que investem a respeito do que é caro ou barato para uma ação.

O gráfico, portanto, seria uma ferramenta mais eficiente para prever para onde vai um ativo, pois mostra historicamente em quais patamares os investidores costumam ficar mais otimistas ou pessimistas com um papel.

Há quem defina a análise técnica como a arte de analisar movimentos que ocorreram no passado para interpretar o presente e projetar o futuro. Em suma, é o estudo dos preços ao longo do tempo.

Para que serve e quem utiliza a análise técnica

A análise técnica é uma estratégia eficiente para quem quer fazer operações de **curto prazo.** É de certo modo correto dizer que a análise fundamentalista é a ferramenta do investidor, enquanto a análise técnica é a ferramenta do especulador.

Isso porque a imprevisibilidade e às vezes mesmo a irracionalidade que cerca a oscilação de um ativo em períodos mais curtos acaba sendo uma aliada do investidor que olha para o gráfico e não para os fundamentos.

O objetivo central é identificar uma tendência, operar a favor dela e sair da operação ao verificar sinais de que essa tendência está sendo revertida.

As principais operações que utilizam a análise gráfica costumam ser feitas em questões de minutos (*scalping trade*), ao longo de um dia (*day trade*), por alguns pregões, durante algumas semanas (*swing trade*) ou, no máximo, por poucos meses (*position trade*).

Existem três tendências principais que um ativo pode ter em um momento:

- De alta (acumulação), caracterizada por um gráfico com topos e fundos ascendentes;
- de baixa (distribuição), quando os topos e fundos estão cada vez mais baixos;
- de lateralização, que é quando o preço do papel oscila dentro de uma banda bem definida sem subir ou cair muito — o famoso mercado "andando de lado".

Análise técnica funciona?

Segundo um estudo de Thomas N. Bulkowski, realizado por 14 anos em mais de 500 ações americanas, a análise técnica conseguiu prever corretamente de 80% a 90% dos movimentos nas cotações. Outras pesquisas mostram taxas semelhantes, de modo que há praticamente um consenso acadêmico em pelo menos 70% de efetividade.

Um dos mais bem sucedidos investidores/especuladores do mundo, George Soros, dono de uma fortuna de US$ 8,6 bilhões de acordo com a revista *Forbes*, é um usuário convicto dos gráficos em suas operações.

Além de ser um método menos trabalhoso de se dominar, a análise técnica é uma ferramenta bastante ágil e objetiva, ou seja, um investidor que analise o gráfico de uma ação pode determinar um preço-alvo no qual venderá a ação com o lucro esperado e um *stop loss*, patamar em que venderá a ação com um prejuízo aceitável. Portanto, utilizando-se da ferramenta corretamente, ele pode tirar as emoções de jogo e definir um preço para entrar e um preço para sair da operação.

Críticas à análise técnica

Apesar dos estudos que defendem sua eficácia, não faltam críticas à análise técnica no mercado financeiro. Muitos analistas fundamentalistas dizem que o pressuposto de que é possível prever o desempenho futuro de um papel conforme seu histórico de preços é completamente equivocado.

Eles afirmam que a performance passada de uma ação é praticamente irrelevante diante de questões da vida real da empresa como a situação do seu caixa, o pagamento de dividendos, o endividamento etc.

Há quem acuse o pensamento de curto prazo defendido pelos analistas técnicos como responsável pelo fracasso da imensa maioria dos *day traders*, uma vez que muitos entram despreparados e em busca de enriquecimento rápido e acabam queimando o próprio patrimônio.

Porém, grandes defensores da análise técnica, como o *trader* colombiano Oliver Velez, argumentam que o erro desses investidores é psicológico. Na opinião dele, a ganância quando se está ganhando dinheiro e o medo quando se está perdendo fazem com que o especulador mude de estratégia sem qualquer embasamento racional durante uma operação, com resultados catastróficos.

"Se eu colocar como regra que não vou ganhar ou perder mais de US$ 50, não há motivo para ter medo. Se você investiu US$ 100 e caiu para US$ 50, você zera a operação sem pensar duas vezes. Se subir para US$ 150, você embolsa o lucro. Se o investidor não fugir da sua estratégia inicial, suas chances de sucesso aumentam consideravelmente" diz Oliver Velez.

Principais gráficos de ações

Existem três gráficos que o investidor pode usar para entender a evolução do preço de uma ação no tempo:

- *Gráfico de linhas;*

Gráfico 1 – Modelo de gráfico de linha

Fonte: br.tradingview.com

- *Gráfico de barras;*

Gráfico 2 – Modelo de gráfico de barras

Fonte: br.tradingview.com

- Candlestick.

Gráfico 3 – Modelo de gráfico *candlestick*

Fonte: br.tradingview.com

    De todos, o *candlestick* é o mais utilizado na análise técnica, pois o gráfico de linhas só mostra a evolução dos preços de fechamento sem revelar como se comportou o ativo durante o dia, e o de barras não é eficaz em representar as viradas que ocorrem durante um pregão.

Em um gráfico de *candlestick*, cada uma das barras, parecidas com velas (por isso se chamam *candles*), representa o movimento de um ativo em um determinado período. Em um gráfico diário, o corpo, que é a parte grossa do *candle*, mostrará o quanto a ação subiu ou caiu da abertura até o fechamento. Se o *candle* for branco, verde ou azul, o dia foi de alta, se for preto ou vermelho, o dia foi de queda.

Já o fio que sai do *candle* é o movimento não predominante do ativo naquele período. Ou seja, os momentos em que a ação operou com queda em relação ao nível de abertura em um dia no qual fechou em alta ou o avanço momentâneo do papel em um dia de baixa.

Figura 1 – Leitura das barras do *candlestick*

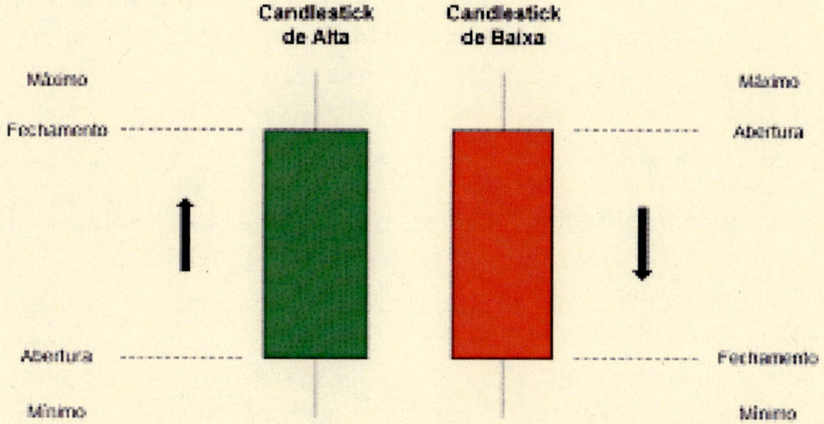

Fonte: br.tradingview.com

Indicadores da análise técnica

Para saber quando há uma mudança de tendência apenas olhando para o gráfico, os analistas técnicos identificaram uma série de padrões.

Suporte e resistência

O mais famoso e mais utilizado é o de suporte e resistência. Os suportes são regiões de preço que costumam atrair compradores sempre que a ação atinge aquele patamar. Ou seja, o papel sobe após atingir aquela cotação.

Gráfico 4 – Exemplos de suporte e resistência

Fonte: br.tradingview.com

As resistências, ao contrário, são regiões de preços que costumam atrair vendas. Ou seja, a ação geralmente cai após bater naquela cotação.

Uma regra importante na análise técnica é a da bipolaridade, que significa que o suporte, quando rompido, se torna uma resistência e a resistência, quando superada, torna-se um suporte.

Figuras de alta/baixa

Há também as figuras formadas pelos *candles* que geralmente são seguidos por uma alteração no comportamento dos preços.

Entre os padrões de mudança de tendência para alta alguns são nomes bastante famosos como o *engolfo de alta*, que ocorre quando a mínima, a máxima e todo o corpo do *candle* de um período são mais relevantes que o *candle* do período anterior — sinal de que a ação deve começar a subir.

Figura 2 – Engolfo de alta

Fonte: www.infomoney.com.br

Figura 3 – Martelo

Fonte: www.infomoney.com.br

O martelo é um *candle* com longa sombra para baixo, em torno de 2,5 vezes maior que o corpo do *candle*.

Já os padrões de baixa mais famosos são o **engolfo** em que a máxima registrada em um pregão é maior que a da sessão anterior, mas o ativo fecha em baixa com uma mínima menor que a do dia anterior.

Figura 4 – Engolfo de baixa

Fonte: www.infomoney.com.br

A estrela cadente é como um martelo, porém invertido.

Figura 5 – Estrela cadente

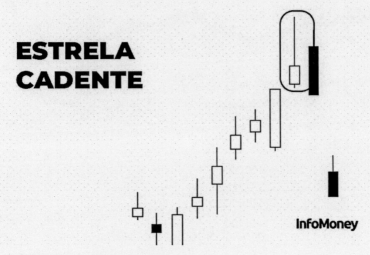

Fonte: www.infomoney.com.br

É importante ressaltar a importância de se combinarem indicadores de análise técnica para aumentar o grau de assertividade sobre um determinado movimento. É raro encontrar *traders* que entrem em uma operação só por identificarem um *candle* com figura promissora. O mais comum é que usem essas figuras de forma complementar a indicadores como suporte e resistência, médias móveis, IFR e Bandas de Bollinger.

Outro ponto a se destacar é que uma figura de reversão de tendência tem maior chance de estar correta quanto maior for o volume de negócios do ativo quando essa figura apareceu. Por isso, os analistas técnicos sempre ou quase sempre colocam a evolução do volume na parte de baixo do gráfico.

Médias móveis

Um dos indicadores mais utilizados em análise técnica é o de médias móveis. Como o próprio nome diz, ele funciona tirando a média dos preços de um ativo durante um determinado período.

Por exemplo, um traçado de médias móveis de dois dias é formado pelos preços médios do papel nos dois dias anteriores. Ao serem colocadas em um gráfico de *candlestick*, as médias móveis aparecem como linhas que evoluem com a cotação do ativo.

Há dois tipos de médias móveis possíveis: as aritméticas e as exponenciais. A diferença da segunda para a primeira é que nas médias móveis exponenciais os preços mais recentes possuem peso maior que os preços mais antigos.

Existem diversas estratégias possíveis com médias móveis. Os analistas técnicos lembram que os preços de um ativo não ficam por muito tempo longe das médias móveis, e, quando se distanciam muito, costumam retornar para a linha da média.

Gráfico 5 – Linhas de médias móveis

Fonte: www.infomoney.com.br

Outra estratégia bastante utilizada é colocar mais de uma média móvel no gráfico. É comum o uso, por exemplo, de uma média móvel de 20 ou 21 períodos e outra de 200. A analista Pamela Semezzato, da Rico Investimentos, conta que usa as médias desses dois períodos porque mostram uma região de interesse para retomada de uma tendência.

"Se o ativo está em tendência primária de alta, é normal que o preço se afaste da média aritmética de 200 períodos no gráfico diário ou semanal. Em momentos como o da crise do Corona vírus em março pudemos perceber que muitos ativos lateralizaram nessa média de 200, por isso foi possível detectar uma mudança de tendência", explica Pamella.

Gráfico 6 – Cruzamento de médias móveis

Fonte: www.infomoney.com.br

Bandas de Bollinger

As Bandas de Bollinger são indicadores estatísticos de volatilidade complementares às médias móveis, mostrando a dispersão dos preços de um ativo. Ou seja, calculam os desvios-padrão da distribuição normal de preços para definir o quanto as cotações podem ficar acima ou abaixo da média móvel.

Gráfico 7 – Bandas de Bollinger

Fonte: www.infomoney.com.br

No gráfico, as Bandas de Bollinger aparecem como bandas superiores e inferiores que acompanham uma linha central que, normalmente (na calibragem padrão), é a média móvel de 20 períodos.

A estratégia prática relacionada às Bandas de Bollinger é verificar quando o *candle* dos preços encosta na banda inferior ou superior das bandas, afastando-se da média móvel.

Se a cotação bate na banda inferior, o normal é voltar a subir em direção à média, e quando toca na superior é frequente que caia de novo em direção à média. Como as bandas calculam dois desvios-padrão, o preço trabalha 95% do tempo dentro das bandas, de acordo com o que ocorre em qualquer distribuição normal estatística.

Índice de Força Relativa

Já o Índice de Força Relativa (IFR) é um oscilador, cujo objetivo principal é mostrar regiões de sobrecompra ou sobrevenda de um ativo. Ele relaciona a média das cotações nos últimos "n" dias em que o papel subiu dividido por "n" com a média nos últimos "n" dias em que a ação caiu também dividida por "n".

A escala de variação do IFR é de 0 a 100 e a região considerada como sobrecompra, em que o papel tende a cair para voltar a um padrão razoável de negociação, é acima de 70. Já a zona chamada de sobrevenda, na qual a ação deve subir, é aquela abaixo de 30.

O IFR aparece como um traçado dentro de uma escala na parte de baixo de um gráfico.

Gráfico 8 – Índice de Força Relativa - IFR

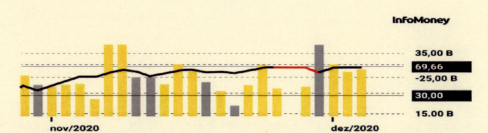

Fonte: www.infomoney.com.br

Fibonacci

Baseado nas conclusões do matemático Leonardo Fibonacci a partir do estudo do crescimento de uma população de coelhos no século XIII, o método de Fibonacci na análise técnica se apropria da proporção áurea (1,618) para indicar a magnitude do próximo movimento de impulsão ou correção de um ativo.

Chama-se impulsão o movimento a favor da tendência, como uma alta dentro de uma tendência ascendente ou uma queda em uma tendência descendente. Já as correções são os movimentos de queda dentro de uma tendência de alta ou de alta dentro de uma tendência de queda.

Ao se projetar Fibonacci em um gráfico, o investidor pode traçar o tamanho da impulsão anterior a partir do seu fundo ou topo para tentar prever para onde vai o papel na trajetória atual.

Gráfico 9 – Fibonacci

Fonte: www.infomoney.com.br

Com isso, vão aparecer no gráfico cinco linhas horizontais: a primeira parte do topo ou fundo do movimento anterior; a segunda representa 38,2% (nada mais que 100 – 61,8 da proporção áurea) daquele movimento; a terceira é 50% da trajetória; a quarta é 61,8% (a própria proporção áurea); e a quinta é 100% do movimento anterior.

Pode-se projetar ainda uma sexta linha que é a dos 161,8%, chamada de expansão de Fibonacci, que costuma ser usada pelos *traders* como o alvo da operação.

Vale lembrar que é impossível adivinhar quando um ativo atingiu seu fundo ou topo, então Fibonacci é sempre projetado quando já há sinais suficientes de que uma nova tendência se formou. Ao contrário de outras ferramentas, ele não serve para apontar reversões de tendência.

O analista Giba Coelho, da XP Investimentos, é um entusiasta de entradas quando o ativo atinge a terceira linha de Fibonacci, a dos 50% da trajetória anterior. Sua estratégia consiste em comprar a ação quando ela está sobre a linha dos 50% e colocar como alvo de venda a linha dos 161,8%. Já o *stop loss*, que é o ponto de zeragem para minimizar as perdas da operação, ele coloca na segunda linha, a dos 38,2%.

Livros para estudar mais a fundo análise técnica

Em termos de bibliografia, o livro indicado pela Associação dos Analistas e Profissionais de Investimento do Mercado de Capitais (Apimec) é o **Análise técnica clássica (2010)**, de Flávio Lemos. Outro clássico sobre o tema é o livro **Análise técnica explicada (2014)**, de Marting J. Pring.

7 Dicas para ter sucesso na bolsa de valores

1ª DICA - *Comece aos poucos*

Querer dar longos passos logo no início é um erro. Não é raro encontrar investidores iniciantes que perderam parte do seu patrimônio pela falta de experiência e por decisões equivocadas, pois, quando estamos falando de começar a investir na bolsa, é preciso ter paciência, estudar e começar aos poucos.

A renda variável tem ótimos potenciais de retorno no longo prazo, mas também tem altos riscos e oscilações envolvidos. Por isso, é preciso ter calma e não fazer nada por impulso. Crie a sua estratégia e seja consistente nela, sem esquecer da disciplina, paciência e persistência, pois aqueles grandes lucros que se vê nos filmes são só ficção, então, lembre-se que é o seu dinheiro e seu futuro financeiro que estão em jogo: seja sempre RACIONAL e jamais EMOCIONAL.

2ª DICA - *Diversifique seus investimentos*

A diversificação de investimentos é um dos melhores mecanismos de proteção do mercado de ações, visto que, com cenário de baixa para uns, e de alta para outros, a diversificação amortece as perdas e a desvalorização da sua carteira.

Porém, não basta comprar uma ação, sentar e esperar os lucros. Não é bem por aí. Mesmos os investidores arrojados diversificam na renda fixa como estratégia de proteção.

Então, não exponha todos os seus ovos, ou patrimônio, em uma única cesta, ou produto, isso é primordial para o sucesso nesse mercado, ou seja, além de ações de variados setores do mercado, coloque também produtos como fundo imobiliários, debentures e principalmente produtos de renda fixa, para se proteger de perdas e aumentar seus ganhos.

No mercado de ações, a diversificação de uma carteira é a grande dica para amenizar riscos e aumentar seus ganhos, ou seja, compre ações de várias empresas diferentes, de diferentes setores, levando em conta sempre a análise fundamentalista e gráfica dos papéis.

Observe também o pagamento de proventos, feito pelas empresas, ou seja, coloque no seu portfólio empresas boas pagadoras de dividendos e juros de capital próprio, pois, com isso, você vai diminuindo o valor de compra dos seus papéis e se protegendo de eventuais quedas de alguma ação dentro da sua carteira. Isso, é claro, pensando em longo prazo.

3ª DICA - *Foque no médio e longo prazo*

A bolsa de valores não combina com pressa. Por mais que estratégias de curto prazo sejam famosas, como *day trade*, o médio e longo prazo ainda são as melhores estratégias.

Como você já deve ter entendido, a renda variável é muito volátil. Se você acompanha os noticiários, percebe que o índice Ibovespa oscila, assim como as cotações das ações e outros indicadores.

Agora, se você investe pensando em longo prazo, colherá os frutos lá na frente, mesmo que enfrente ciclos de baixa, porque a tendência de boas empresas é manter o crescimento, inovar e aumentar os lucros no decorrer do tempo.

Historicamente, os grandes investidores de sucesso do mercado, como Warren Buffett, George Soros e Luiz Barsi acumularam suas fortunas na bolsa com estratégia de longo prazo.

Não quero aqui ser contra operações de curto prazo, mas, se quiser investir em operações como *day trade*, te aconselho a colocar pouco dinheiro e dedicar tempo, para estudar e aprofundar-se em análise gráfica, pois senão as suas chances de perder dinheiro e se frustrar com o mercado serão muito grandes.

Tudo depende do conhecimento que se tem do que está se fazendo, pois a maioria dos que perdem dinheiro no mercado é porque não estudaram o bastante para isso, ou seja, o grande segredo do mercado é saber ganhar e perder, pois quanto menos se perde, mais se ganha. O sucesso no mercado está alicerçado em 3 pilares: conhecimento, estratégia e perseverança (foco), então pense sempre nisso, independentemente se vai operar no curto, médio ou longo prazo. Seja racional e não emocional em suas operações.

4ª DICA – *Comece com pouco dinheiro até adquirir conhecimento do mercado*

Sim, é possível investir com pouco dinheiro. Apesar de ter atingido recordes de investidores em 2022, a bolsa ainda tem o rótulo de ser um ambiente somente para os ricos. Isso não é verdade.

A realidade financeira dos brasileiros faz com que seja difícil sobrar dinheiro no final do mês. Porém, mesmo com pouco, você consegue começar a investir na bolsa de valores. O que permitirá isso é justamente o que dissemos lá no início deste guia: o planejamento financeiro e o hábito de economizar.

E o grande problema dos que perdem dinheiro na bolsa é a falta de conhecimento do funcionamento do mercado. Então comece com pouco dinheiro, até aprender tudo sobre o sistema operacional da bolsa, e principalmente os termos técnicos, e também estude o mercado antes de investir muito dinheiro.

Quer ver como é possível investir na bolsa com pouco dinheiro? Com menos de R$ 200,00 conseguimos montar uma carteira teórica com importantes empresas brasileiras (considerando as cotações de julho de 2022).

Isso não é recomendação de investimento, serve somente como exemplo. Não te aconselho a fazer investimentos em papéis fracionados. Interessante é começar na bolsa com um capital maior, mas, só para ver que é possível começar com pouco, veja só:

Quadro 1 – Carteira teórica montada com menos de 200 reais

Empresa	Ticket	Preço
Lojas Renner	LREN3F	R$ 24,75
Ambev	ABEV3F	R$ 14,35
Itaú	ITUB3F	R$ 19,85
Petrobrás	PETR3F	R$ 31,19
Cemig	CMIG3F	R$ 15,62
Bradesco	BBDC3F	R$ 14,44
Banco do Brasil	BBAS3F	R$ 33,55
Natura Cosméticos	NTCO3F	R$ 14,29
Santander	SANB11F	R$ 28,52

Fonte: o autor

Com essa carteira teórica, você teria um custo de R$ 196,56 e estaria diversificado em nove empresas. Para isso, basta comprar uma unidade de cada ação, no mercado fracionário, visto que é só um exemplo. Aconselha-se, no entanto, a começar no mercado com um pouco mais de capital, para investir no mercado de ações integral (em lotes), devido à liquidez ser melhor. Deve-se observar também as taxas das corretoras, pois quanto menor o valor investido, maior será em % o custo das taxas.

5ª DICA – *Cuidado com notícias falsas sobre o mercado*

Além das análises gráfica e fundamentalista, você precisa evitar cair na armadilha do mercado, ou seja, nas notícias falsas, especulação de mercado, entre outras.

É possível que você fique tentado a seguir a multidão, escolhendo os mesmos papéis que a maioria. Isso porque muitas pessoas compram ativos quando estão em alta e optam por vendê-los quando eles se desvalorizam, o que pode gerar grandes perdas de capital.

Um *trader* de sucesso analisa a situação como um todo, a fim de entender o motivo do papel estar subindo ou descendo. O prejuízo no mercado de ações acontece apenas no momento em que você vende a sua ação. Porém, enquanto você ainda possuir o papel na sua carteira, mesmo que o seu preço caia, você não terá perdido dinheiro.

Dessa forma, é importante que você analise o contexto antes de decidir pela venda para não ter prejuízos.

6ª DICA – *Defina sempre um* stop loss *e* stop gain *nas suas operações*

Outra dica para evitar erros ao investir na bolsa é sempre definir um *stop loss* e *stop gain*. Essa técnica nada mais é do que uma ordem automática de venda, que você pode programar no mercado de ações. Dessa forma, você consegue evitar possíveis perdas.

Esse recurso é usado para mitigar riscos e, em resumo, consiste em uma reação a possíveis perdas. Veja detalhes dessa estratégia:

- *Stop loss* é o termo em inglês para "parar perda". Em outras palavras, refere-se ao limite que um investidor aceita perder em suas transações, ou seja, é uma ordem de venda programada para ser disparada automaticamente, caso o valor do ativo atinja o percentual de perda determinado pelo investidor.

- *Stop gain* é o termo em inglês para "parar ganho". Tem um sistema similar ao do *stop loss*, mas funciona com o sinal trocado. Ou seja: dá uma **ordem de venda quando uma ação chega a determinado nível de valorização**. Mas por que limitar os ganhos de um ativo em vez de deixá-los correr livremente? A razão disso é simples: os ganhos de uma ação **não são lineares**, e esse *stop* é para o investidor não perder o lucro adquirido do papel.

7ª DICA - *Se proteja do mercado investindo em renda fixa e papéis no exterior*

Apesar dos riscos oferecidos pelo investimento em ações, é possível minimizá-los e ganhar dinheiro com tranquilidade. Primeiramente, investir nesses papéis costuma ser mais arriscado no curto prazo. Nesse caso, os efeitos da volatilidade e risco de mercado são mais fortes.

Para minimizar esses fatores, o ideal é diversificar a sua carteira. Ao investir o seu patrimônio em ativos de renda fixa e variável, você poderá usufruir das boas oportunidades do mercado e, ao mesmo tempo, se proteger das oscilações.

Além disso, a diversificação tende a manter os rendimentos do seu portfólio, mesmo em momentos de turbulência no mercado.

Os especialistas recomendam que boa parte do seu patrimônio, cerca de 70%, deve ser alocado em renda fixa, como Tesouro Direto, CDB e LCI, CRI, entre outros. Compre ações no exterior também para se proteger de uma alguma eventual crise no mercado interno, como mudança de governo ou de legislação econômica.

Considerações finais sobre a bolsa de valores

Para se ter sucesso em seus investimentos na bolsa de valores, é preciso definir as melhores técnicas e estratégias para o seu perfil de investidor. Esse processo pode parecer um pouco cansativo à primeira vista, mas ele é fundamental para quem quer ter bons resultados em suas negociações.

Para dominar a análise de investimentos na bolsa, você precisa ter:

- Tempo;
- prática;
- força de vontade.

A bolsa de valores é um ambiente de negociação de ativos financeiros. Esse é o ponto de encontro de todos os investidores, ou seja, investir nesses papéis pode trazer ganhos expressivos, principalmente no longo prazo. Ao mesmo tempo, você precisa suportar as turbulências que surgirão no caminho.

Com a inflação atual e as altas taxas de juros, o mercado de renda fixa está muito atrativo, porém, a bolsa de valores também tem oferecido excelentes oportunidades para quem quer ganhar dinheiro.

Porém, as eleições e as projeções futuras para o país podem gerar aversão ao risco e volatilidade no curto prazo. Em suma, se você priorizar ações de empresas bem consolidadas e diversificar os seus investimentos, a tendência é de que você passe por todos esses momentos com tranquilidade e segurança.

Para fazer o seu dinheiro crescer e entrar com o pé direto na bolsa de valores, o primeiro passo é abrir a sua conta em uma corretora e ter uma boa assessoria, além é claro de investir sempre em conhecimento.

Hoje as corretoras independentes, como a XP Investimentos, Rico, Toro, Clear, são melhores para quem quer investir na bolsa de valores, visto que os bancos não têm profissionais focados só em renda variável, e nem estrutura própria para isso.

Por isso, faça seu planejamento financeiro, se organize com seu tempo, pois esse mercado de renda variável exige muito acompanhamento, e comece agora mesmo a investir. Acelere a realização dos seus sonhos!

OPÇÃO 2 - EMPREENDEDORISMO

É seguro investir seu dinheiro onde o risco é baixo, como algum produto em renda fixa. Mas é sabido que só se faz isso por um período de transição, ou seja, deixa-se o dinheiro lá até aparecer uma oportunidade melhor de multiplicá-lo.

E uma forma que vai ter que usar é empreender. Quer realmente enriquecer? Vai ter que montar algum negócio próprio, seja vendendo água no sinaleiro ou montando uma grande distribuidora de água.

Primeiro passo para prosperidade financeira é sair da sua zona de conforto e para isso você tem que agir. Não precisa ser empresário, mas precisa investir em alguma empresa. E, lembre-se, para montar um hospital, você não precisa se médico, para ter uma construtora, não precisa ser Engenheiro Civil. O importante é saber empreender: conhecimento técnico você contrata.

Pense sempre o seguinte: você não precisa saber tudo de um negócio para iniciá-lo, mas precisa ter alguém "sócio" ou funcionários que saibam. O importante é ter a mente empreendedora, o que às vezes quem tem o conhecimento técnico não tem.

Portanto, pense sempre à frente, quem mais ganha dinheiro não é quem faz, e sim quem manda fazer e administra tudo. Vamos falar um pouco mais sobre empreendedorismo.

O que é empreendedorismo

Empreendedorismo é o processo de iniciativa de implementar novos negócios ou mudanças em empresas já existentes. É um termo muito usado no âmbito empresarial e muitas vezes está relacionado à criação de empresas ou produtos novos, normalmente envolvendo inovações e riscos.

O empreendedorismo está muito relacionado à questão da inovação, na qual há determinado objetivo de se criar algo dentro de um setor ou produzir algo novo. Diversas *startups*, por exemplo, inovam-se dentro de um setor já existente, porém com outra visão sobre um negócio que já foi criado.

É sabido que o papel do empreendedor de criar e implementar inovação está no centro de qualquer tipo de modelo econômico que funcione bem no longo prazo. Ele é um agente responsável pela destruição criativa e, portanto, pelo interminável fluxo de novidades e mudanças oferecidas pelas empresas aos consumidores no mercado.

O empreendedor é alguém versátil, que possui as habilidades técnicas para saber produzir, e capitalista, que consegue reunir recursos financeiros, organizar operações internas e realizar as vendas da empresa, sabendo administrar os riscos financeiros, psicológicos e sociais, com capacidade de avaliar o mercado concorrente, enxergando brechas para inovação e crescimento do negócio que está para iniciar.

Tipos de empreendedores

Os empreendedores podem ser muito diferentes uns dos outros. Por conta disso, podemos classificá-los em:

1. *Empreendedor nato* à são geralmente os mais conhecidos e reverenciados. Normalmente são pessoas que começaram a trabalhar muito cedo, com poucas condições e acabaram criando grandes empresas. Como desde muito jovens esses empreendedores iniciaram a sua jornada de trabalho, acabaram adquirindo a habilidade de negociação e venda. São visionários, otimistas, estão sempre à frente de seu tempo e comprometem-se 100% para realizar os seus objetivos;

2. *Empreendedor que aprende* à pode ser caracterizado por ser aquele que, ao se deparar com uma oportunidade de negócio, decide aprender a gerir seu próprio empreendimento. Normalmente quando enxergam a oportunidade, deixam suas atividades atuais para dedicarem-se a seu próprio negócio. Esse empreendedor necessita do surgimento de uma oportunidade. Sua característica é de ter uma maior cautela que os demais empreendedores e, por isso, quando ele se depara com a oportunidade, ele não assume o risco imediatamente, mas, sim, depois de ver as possibilidades e a viabilidade do negócio ou da ideia;

3. *Empreendedor serial* à é aquele que cria um negócio para vendê-lo. Dessa forma, o capital ganho com essa ideia inicial é utilizado para criar outro negócio, vendê-lo novamente e produzir algo novo sempre, tornando-se uma atividade cíclica. Assim, a venda é parte do fim de um empreendimento e o começo de um novo;

4. *Empreendedor corporativo* à são executivos que se destacam e que buscam crescer dentro da empresa que trabalham, geralmente multinacionais, trazendo bons frutos para a organização. Possuem grande conhecimento em ferramentas administrativas e sabem gerenciar uma equipe com excelência. Também são considerados ótimos vendedores e negociadores. São muitos procurados por grandes empresas, são pessoas que sabem autopromover-se e são muito confiantes, adorando trabalhar com grandes metas e com aquelas que geram grandes recompensas.

5. *Empreendedor social* à vem de qualquer setor que seja sem fins lucrativos, possuindo características dos empreendedores tradicionais de criatividade, visão e determinação. Ele busca a inovação social no lugar do dinheiro, almejando o benefício que ele pode trazer com seu trabalho e conhecimento para algum órgão governamental, público, voluntário e comunitário;

6. *Empreendedor por necessidade* à são aqueles que iniciaram um empreendimento autônomo por não terem melhores opções para o trabalho e precisam abrir um negócio a fim de gerar renda para si e suas famílias. A maioria desses empreendedores entram no mercado totalmente despreparados, sem conhecimento dos verdadeiros riscos e totalmente expostos ao fracasso;

7. *Empreendedor herdeiro* à é motivado desde cedo a empreender. Ele tem a missão de continuar o legado da família, administrando a empresa e os recursos nela envolvidos a fim de que o empreendimento se sustente por mais tempo. Pode ter o perfil mais inovador, de buscar medidas diferentes das que estão atuando na empresa atualmente. E também podem ser mais conservador, que tende a manter as coias como estão e ter uma gestão muito mais próxima da gestão anterior;

8. *Empreendedor normal (planejado)* à é aquele que busca capacitar-se, preocupando-se com os próximos passos da organização, minimizando os riscos, que tem clara visão do futuro e de suas metas

para a organização. O planejamento aumenta a capacidade de o negócio ser bem-sucedido. Logo, o empreendedor normal seria o mais completo e uma referência a ser seguida, mas não representa uma quantidade expressiva de empreendedores na prática.

Características que todo empreendedor precisa ter em sua mente

Embora cada empreendedor(a) seja uma pessoa diferente, há algumas características que todos e todas precisam ter em sua mente antes de empreender:

- OTIMISMO: sempre acreditar que vai dar certo;
- DESEJO DE PROTAGONISMO: desejo de reconhecimento, tomar as rédeas da sua vida e ser pleno;
- RESILIÊNCIA: não desistem diante das dificuldades;
- PERSEVERANÇA: superam desafios e vão até o fim;
- CONSTÂNCIA: colocam seus planos, projetos e sonhos em ação e fazem o que precisa ser feito todos os dias, até conseguirem alcançar seus objetivos.

O empreendedorismo é o conjunto de hábitos e comportamentos que até há pouco se imaginava que era algo que vinha no sangue — que já se nascia empreendedor. Mas hoje sabemos que as características de um empreendedor podem ser adquiridas por meio de treinamento adequado.

Para isso, mostraremos a seguir sete características importantes que um empreendedor deverá aprender a ter para gerir um negócio de sucesso.

Características que um empreendedor deverá aprender a ter

1. Ter iniciativa e buscar oportunidades

Ter proatividade para desenvolver a capacidade de se antecipar aos fatos e buscar constantemente novas oportunidades para seu negócio. Deverá ser uma habilidade praticada incansavelmente.

Para isso, é importante estar atento ao mercado de modo geral, pois o cenário econômico influencia as oportunidades que poderão ser geradas para seu negócio, assim como deverá também acompanhar o panorama do seu segmento de mercado.

Isso possibilitará identificar novos produtos ou serviços, buscar por possibilidades de expansão e é uma forma também de analisar os produtos e serviços que estão sendo entregues aos seus clientes e se as necessidades deles estão sendo atendidas.

2. **Ter capacidade de planejamento**

Traçar metas e monitorar as informações de sua empresa são tarefas essenciais para quem deseja crescer de forma saudável. É necessário ter indicadores para acompanhar o crescimento do negócio.

Embora o planejamento tenha o objetivo de ser cumprido, lembre-se também que nada sairá 100% perfeito. Além da capacidade para planejar, é fundamental saber que existirão imprevistos que te obrigarão a mudar a trajetória do que foi planejado inicialmente.

3. **Ter autoconfiança**

O empreendedor irá se relacionar com clientes, parceiros, funcionários e até investidores. Além de confiar em suas próprias opiniões, é necessário transmitir confiança para sua equipe. Caso não domine a arte de uma boa comunicação verbal, poderá surgir muitos problemas.

Mas não se preocupe! É possível trabalhar a autoconfiança e a comunicação com um mentor de sua escolha, que poderá ser o autor deste livro ou qualquer outro profissional qualificado e experiente nessa área.

4. **Ter liderança**

O empreendedor deve ser líder do seu negócio. Embora inicialmente seja comum alguns empreendedores fazerem grande parte dos trabalhos operacionais da empresa, em determinado momento é necessário delegar tarefas e assumir o papel de líder.

Sim, é importante o conhecimento técnico até mesmo para conseguir definir melhor os processos e demandas, mas montar uma equipe capacitada é papel primordial de um empreendedor.

Para isso, é necessário desenvolver a competência de liderança para que possa escolher bem o time e conseguir mantê-lo motivado e comprometido.

5. **Ter coragem para correr riscos**

Arriscar faz parte do ato de empreender. Isso é fato! Porém, quando se trata de correr riscos, é preciso entender que correr risco é diferente de correr perigo. O perigo se encontra principalmente na tomada de decisões sem ter conhecimento da situação. A desinformação, sim, é um perigo. Nessa situação, o empreendedor assume desafios e é responsável por todos eles.

O que precisa ser treinado aqui é justamente procurar avaliar as melhores alternativas para tomadas de decisões reduzindo a chance de erros, moderando o risco dos desafios para que se tenha uma boa chance de sucesso.

6. **Ter inteligência para aceitar** *feedbacks*

O *feedback* nada mais é que a avaliação do seu produto ou serviço. Seja positivo ou negativo, tem por objetivo a melhoria do produto, ou serviço oferecido, ou a avaliação de um comportamento em determinada situação.

Os *feedbacks* positivos poderão ser utilizados como estratégia competitiva, basta potencializar de maneira exponencial essa vantagem. Para os negativos, identifique o erro, assuma as consequências e elimine o problema.

É importante agir de forma maleável, já que se trata de uma situação delicada, e que ao final você consiga convertê-la com resultado positivo para o negócio.

Em situações mais críticas ou até mesmo para o caso de ter mais possibilidades de resolução, busque ajuda entre os sócios, colaboradores, parceiros e pessoas que estejam envolvidas mesmo que indiretamente no negócio.

Busque mais de uma avaliação e todas devem ser bem-vindas.

7. **Ter a mente aberta para inovações**

A realidade das atuais empresas é bem diferente das do século passado que antecederam a era da internet. O acesso em tempo real às informações facilita para que os empreendedores estejam sempre antenados e de certa forma os obriga a se atualizarem cada vez mais rápido.

A velocidade das informações mundiais e da implementação de inovações diariamente faz com que o empreendedor precise mudar desde sua ideologia até mesmo a estrutura de seu negócio.

Por isso, é praticamente impossível que ele fique engessado, obrigando assim que se adquira a competência de se adequar a novas realidades, estando sempre preparado para novos caminhos e possibilidades.

Como começar a empreender

O empreendedorismo começa com a ideia de um produto ou serviço que **ofereça a solução** para os problemas e necessidades que mencionamos anteriormente.

O primeiro passo para ser um empreendedor, portanto, é ter a perspicácia de perceber essas oportunidades. Mas **não se trata de mera intuição**. Ela tem um papel importante, é claro, mas é possível partir da racionalidade, analisando fatos. Há cada vez mais dados e informações diversas para embasar a **criação de novos negócios**.

Podem ser escolhidos vários caminhos, por exemplo:

- Atender a uma demanda reprimida em determinada localidade;
- desenvolver um produto ou serviço novo, criando um público novo;
- diferenciar-se e chamar a atenção melhorando um produto ou serviço que já existe e é conhecido.

De qualquer maneira, **observar uma oportunidade e pensar na solução** é apenas o começo. Ninguém empreende se não sair do campo das ideias. É necessário colocar ação e constância no negócio.

Como já viu nos tópicos acima. O empreendedorismo implica **correr riscos**, colocar o planejamento em prática e desenvolver uma empresa.

O caminho mais adequado para isso é obter um Cadastro Nacional de Pessoa Jurídica (**CNPJ**), que é o CPF da empresa, a formalização do negócio dentro das regras legais.

Como colocar em prática seu plano

É possível empreender oferecendo um serviço, desenvolvendo um produto, prestando consultoria, agregando pessoas e empresas (economia colaborativa) ou fazendo investimentos. Seja qual for o caminho, procure **responder as seguintes perguntas** antes de começar a empreitada:

- Qual é o seu perfil de empreendedor? Seguindo os tipos de que falamos anteriormente, como você se definiria?
- Qual o seu propósito? O que o motiva a empreender, além do dinheiro?

- Qual o valor oferecido? O que exatamente você vai oferecer para seus futuros clientes?

- Como você produzirá esse valor? Quais serão os recursos (matéria-prima, capital, pessoas e parceiros) que serão mobilizados?

- Quem são os futuros clientes? O que eles procuram, qual sua idade, gênero, classe social etc.?

- Qual o diferencial do seu produto ou serviço? O que você vai oferecer que a *concorrência* não tem?

- Qual será a sua dedicação? Vai largar o emprego para abrir o negócio ou desenvolvê-lo aos poucos, nas horas vagas?

- Qual a estrutura necessária? O trabalho pode ser feito em casa ou precisa de um escritório ou ponto de venda?

- Onde se instalar? Caso seja necessário buscar um ponto comercial, qual é a localização ideal para ele?

- Qual a burocracia que envolve o negócio? Quais as formalidades legais que precisam ser cumpridas para a abertura e funcionamento da empresa? É viável cumpri-las?

É claro que algumas respostas podem mudar com o andar das coisas, mas é importante tê-las muito claras na cabeça antes de abrir o negócio. Portanto, analise tudo que te falei até aqui e empreenda, pois a multiplicação do seu patrimônio depende somente de você.

Concluindo

Viu como é realmente possível ser um empreendedor apenas se capacitando? Agora é sua vez de praticar todas essas competências. O desenvolvimento dessas características será valioso para seu negócio.

Existe uma relação forte entre o comportamento do empreendedor, o crescimento do seu negócio e a lucratividade da sua empresa. Além de auxiliar diretamente na tomada de boas decisões, possibilita a ampliação da visão de oportunidades aumentando ainda o ciclo vital da empresa e as chances de sucesso do seu negócio.

Mas é sempre importante ressaltar que, se não houver AÇÃO e CONSTÂNCIA, de nada adianta tanto conhecimento e planejamento.

Então comece a empreender o quanto antes, seja um negócio próprio ou uma sociedade, mas lembre-se que a gestão do seu tempo também é um empreendimento que precisa ser administrado com inteligência, ou seja, você precisa entender que seu tempo é o maior ativo que você tem, seguido do conhecimento, que vai se transformar em dinheiro se colocado em prática. Descubra o valor da sua hora e verá que precisa produzir mais, para melhorar sua renda e multiplicar seu patrimônio, alcançando sua liberdade financeira. BORA EMPREENDER...

OPÇÃO 3 – INVESTIMENTOS EM IMÓVEIS

Outra ótima forma de multiplicação de patrimônio

Historicamente, os imóveis estão entre as modalidades de investimentos preferidas entre os brasileiros. Dado que a educação financeira no país, até pouco tempo, era bastante incipiente, os investidores procuram aplicações mais populares, como poupança, CDB e bancos digitais.

O mercado imobiliário é um dos mais relevantes da economia e oferece diversas possibilidades de investimentos. Também é considerado um excelente multiplicador de patrimônio.

Como dissemos, a construção civil e o mercado imobiliário ocupam relevantes posições na economia nacional em movimentação de recursos, captação de investimentos, geração de empregos, entre outros números de destaque. Assim sendo, tal mercado oferece algumas vantagens para quem deseja explorar o potencial econômico do setor.

Vantagens de se investir no mercado imobiliário

- **Valorização**: possibilidade de aumento dos preços e cotações;
- **liquidez**: trata-se de um mercado de produtos financeiros com ótima liquidez;
- **renda passiva**: oportunidade de construção de patrimônio para viver de renda;
- **riscos diversificados**: amplo número de modalidades de investimentos permite diversificar o risco;
- **preservação do patrimônio**: o mercado imobiliário também passa por correções nos valores e tem seu índice de inflação próprio;

- **benefícios fiscais**: alguns tipos de investimentos contam com isenção no Imposto de Renda.

Investir em imóveis tem uma peculiaridade que deve ser considerada, que é mesclar características de aplicações conservadoras e arrojadas. Isso significa que é possível, ao mesmo tempo, ter a segurança de uma caderneta de poupança enquanto se corre os riscos do mercado de ações.

Seja como for, uma resposta mais direta à pergunta que abre este tópico é: sim, vale a pena investir em imóveis, desde que se conheça os mecanismos do segmento imobiliário.

Vamos ver na prática o valor de um apartamento, por exemplo, que não é medido apenas pelo seu tamanho — localização, estado de conservação, infraestrutura local e outros fatores devem ser ponderados para se chegar a preços justos.

Acontece também de um imóvel aparentemente perdido revelar-se uma boa opção de investimento. Em alguns casos, uma simples reforma ou adaptação já basta para gerar ótimos resultados.

O primeiro fator a se considerar é a sua própria capacidade financeira e conhecimento de investir em imóveis. Você deve saber que comprar uma casa ou um terreno, ainda que de forma parcelada, implica desembolsar somas relativamente altas. Sendo assim, pode ser que seja mais interessante investir não na construção ou compra, mas em aplicações como o LCI ou FII, ligadas ao mercado imobiliário, até conseguir acumular o capital necessário para um investimento maior.

Uma vez tomada a decisão considerando suas possibilidades, é hora de partir para a "ação".

Vale a pena investir em imóveis

Indo direto ao ponto: sim, investir em imóveis é uma alternativa de risco relativamente baixo e que gera um potencial de retorno acima de investimentos tradicionais em poupança, CDB e dos principais fundos de renda fixa.

Alguns dos principais motivos para investir em imóveis dizem respeito à própria natureza desses ativos, são eles: o baixo risco e a alta rentabilidade — sem precisar ser especialista em investimento.

1. *Risco tradicionalmente baixo*

Imóveis são bens "físicos" que, especialmente no Brasil, têm baixo risco de desvalorização. É muito raro um cenário onde o imóvel perde parte relevante do seu valor.

2. *Alta rentabilidade — sem precisar ser especialista em investimento*

Há muitas oportunidades com bom potencial de rendimento e, diferentemente de outros investimentos de alto potencial como ações, não é necessário um conhecimento técnico avançado para identificá-las.

Para se ter uma ideia, a valorização de um apartamento na planta, um dos tipos de imóveis mais indicados para investimento, costuma ficar entre 15% a 40% até a entrega das chaves.

Outra boa oportunidade de negócio com alta rentabilidade é a compra de imóveis em "LEILÕES" que os bancos fazem, em que se consegue adquirir um determinado ativo, que pode ser apartamento, terrenos, fazendas, casas, galpões etc. bem abaixo do preço de mercado e com pouco custo de reforma, conseguindo-se vender com boa margem de lucro. Vamos ver um tópico exclusivo a seguir sobre o funcionamento dessa modalidade de investimentos em imóveis.

Além disso, com frequência surgem polos imobiliários que trazem valorizações acima da média. Em Itapema, litoral de Santa Catarina, por exemplo, o preço dos imóveis subiu 16,55% em 2022, apresentando-se como uma das melhores valorizações imobiliárias do país. Outro exemplo é o Setor Bueno, um dos mais tradicionais bairros de Goiânia-GO. Nesse mesmo período a valorização na região atingiu 22,8%.

Contudo, isso não quer dizer que investir em imóveis será sempre a melhor opção para você. **Por exemplo, se o saldo a ser investido for sua reserva financeira, a recomendação é clara: não invista em imóveis.**

Isso porque, caso você precise utilizar o dinheiro de repente, vender o imóvel pode ser um processo demorado, fazendo com que, para vender mais rápido o seu imóvel, você precise diminuir o preço de venda dele.

A escolha mais adequada vai depender das suas prioridades de vida, condições financeiras e do seu conhecimento técnico sobre as alternativas de investimento disponíveis.

Motivos para investir em imóveis

Déficit habitacional

Entra crise, sai crise, uma coisa é certa: as pessoas precisam de um lugar para morar. Essa demanda habitacional é o principal motor do investimento em imóveis para alugar, base para diversos tipos de investimentos, e também é a característica que faz do investimento em imóveis uma opção mais segura de aplicação, afinal, sempre vai haver procura pelo que você tem para oferecer.

Segurança do investimento

Conforme mostramos no começo deste tópico, diferentemente de outros ativos, investir em imóveis é uma das formas mais seguras de rentabilizar seu dinheiro. Isso porque, além de moradia ser uma demanda de primeira necessidade, o mercado imobiliário tem uma característica mais sólida em situações de crise econômica, preservando a valorização imobiliária.

Oscilações bruscas negativas em imóveis são uma característica quase inexistente no mercado brasileiro. Mesmo em períodos globais tempestuosos, como a crise do *subprime* que estourou nos EUA em 2008, não houve queda de preços dos imóveis no nosso país.

Diversificação de portfólio

Sabe aquele conselho sobre não colocar todos os ovos na mesma cesta? É aqui que essa dica vem à tona! Afinal, quando você investe todo seu capital em ações da bolsa de valores, por exemplo, caso o contexto macroeconômico faça com que suas ações percam valor, todo o seu capital está suscetível a essa queda.

Agora, se você diversificar sua carteira de investimentos entre opções mais arriscadas e outras mais conservadoras, como imóveis, em momentos de instabilidade você terá um porto seguro para seu patrimônio.

Oportunidades de valorização imobiliária acima da média

O mercado imobiliário é muito dinâmico, com vários fatores que podem criar ciclos virtuosos de valorização, gerando oportunidades relevantes que se adaptam ao "gosto" de cada tipo de investidor.

Alguns exemplos de fatores que podem gerar valorizações acima da média:

- Regiões que possuem algum diferencial ainda não explorado, como praias diferenciadas, centros comerciais, obras públicas planejadas;
- bairros já consolidados, com muita procura, mas que estão entrando em uma fase de escassez quase total de terrenos para construção de novos prédios;

- momentos de baixa em ciclos de valorização imobiliária: naquela hora em que param de surgir corretores palpiteiros dizendo que "se você não investir agora, vai perder a oportunidade da sua vida";
- apartamentos ou casas que estão depreciados de forma excessiva por situações como a falta de uma reforma simples;
- imóveis que estão com finalidade de uso incoerente com a demanda do mercado, como casas antigas que poderiam ser substituídas por prédios comerciais;
- imóveis financiados que voltam para os bancos e financeiras devido à inadimplência, e que são colocados à venda por esses, por meio de "leilões", geralmente abaixo do preço de mercado;
- partilha de herança ou separação conjugal também é uma boa hora de comprar imóveis abaixo do preço de mercado, devido à urgência e necessidade de quem está vendendo;
- investir em terrenos maiores que estão próximos a cidades e transformá-los em loteamentos, chácaras ou condomínio fechado, por meio de parcerias com imobiliárias, em que você consegue uma excelente multiplicação de valor.

Aluguel como fonte de rentabilidade

Além da valorização do imóvel, que se torna rendimento no momento da venda do bem, a rentabilidade com o aluguel do imóvel pode surpreender o investidor que opta por esse caminho.

Analisando o rendimento do aluguel de um apartamento compacto de alto padrão em uma das regiões mais valorizadas da cidade de Goiânia, entre os anos de 2014 a 2021, o investimento registrou um rendimento médio de 12,7% ao ano, superando aplicações como poupança, CDBs vinculados ao CDI e Ibovespa.

Tipos de investimentos imobiliários

Um imóvel pode representar um investimento, basicamente, de três maneiras:

- Especulação: quando se compra ou constrói para revender no futuro;

- aluguel: construção ou compra visando à obtenção de renda por meio do aluguel;
- aplicações: modalidade indicada para quem não dispõe do montante para a compra de um imóvel físico, consistindo em fundos geridos por bancos de investimento.

Dessa forma, você pode optar por diferentes pontos de partida. Se você prefere construir para especular, então, deverá calcular o fator tempo até ter o retorno esperado. Em alguns casos, pode ser que sejam necessários muitos anos até o preço do imóvel atingir o nível desejado.

No caso da compra de um imóvel pronto, por sua vez, devem ser colocados na balança os custos gerados por fatores como depreciação e estado de conservação, se ele for usado.

Leve em conta que reformar um apartamento, casa, galpão, para venda pode compensar em determinadas situações, enquanto em outras dificilmente você terá lucros, ainda que invista em uma total reformulação. Cada caso é um caso e, quanto mais informado você estiver, mais chances terá de fazer bons negócios.

Além dos títulos e produtos do mercado financeiro relacionados ao setor imobiliário, o investidor também pode traçar estratégias investindo em imóveis diretamente. Porém, esteja atento, pois será preciso ter conhecimentos específicos e experiência para identificar as melhores oportunidades, além de estar ciente dos custos envolvidos nessas transações.

Terrenos

Inicialmente, existe a possibilidade da compra de terrenos em regiões com alto potencial de valorização. Essa estratégia é muito adotada para a construção de patrimônio no longo prazo, revenda ou para deixar de herança a herdeiros.

Mas também é muita utilizada para multiplicação exponencial de patrimônio, que é o caso de comprar um terreno maior e transformá-lo em terrenos menores (loteamento ou chácara), ou até mesmo condomínio fechado.

A maior vantagem da compra de um terreno é o seu baixo custo de manutenção. Enquanto uma casa ou apartamento demanda cuidados constantes com a estrutura, um terreno só exige, em alguns casos, uma limpeza e capina ou roçagem regulares. Dependendo do local, a valorização com o tempo pode chegar a índices realmente fabulosos.

Lembre-se que é preciso de um estudo regional e da qualidade do terreno para estimar o seu potencial de valorização. Sem contar com as regras habitacionais de cada município, como expansão urbana, código de obra, código de postura, entre outros documentos, peculiares a cada país, estado ou município.

Portanto, a compra de terrenos, se for feito o estudo correto, é um grande investimento, talvez a melhor e mais rápida forma de multiplicação de patrimônio no segmento imobiliário.

Compra e revenda de imóveis prontos ou na planta

Outra estratégia muito utilizada é a compra de imóveis para revenda, sejam imóveis prontos ou na planta. A ideia é adquirir um imóvel e vendê-lo no futuro a um preço maior, quando ele se valorizar.

Comprar um apartamento ou uma casa antes mesmo de começar sua construção é um excelente negócio para quem pretende especular. Em muitos casos, é possível comprar por valores até 30% mais baixos do que o de um imóvel já pronto. Contudo, nem sempre essa valorização se concretiza. Por isso, quanto mais criteriosa for a sua avaliação, menos riscos você correrá.

Esse investimento também precisa levar em conta os custos com impostos, taxas de cartório, taxas de intermediação imobiliária, manutenção do imóvel, entre outros gastos que podem comprimir a rentabilidade final.

Imóveis usados

Outra boa alternativa é a compra de imóveis usados para reforma e posterior revenda. No entanto, esse é um investimento mais indicado para quem tem boa experiência, já que é preciso ter conhecimento de mercado para identificar as boas oportunidades.

Nessa modalidade, também se faz necessário um grande planejamento com a reforma, ou seja, orçamento de custo com materiais e mão de obra, sem contar a necessidade de se observar a situação documental do imóvel, para não ter problemas futuros com a revenda.

Entretanto, é uma boa forma de multiplicação de patrimônio, pois, dependendo do imóvel, você consegue a compra apenas pelo valor do terreno e a construção vem de lucro.

Imóveis comerciais

É possível ainda fazer investimentos em imóveis comerciais para aluguel aos lojistas, recebendo assim a renda passiva dos inquilinos.

Aqui também entram custos com a manutenção do imóvel, os períodos de vacância, os impostos e outras despesas.

OPÇÃO 4 – LEILÃO DE IMÓVEIS – COMO FUNCIONA?

Em tempos de crise, muitos buscam adquirir imóveis por meio de leilões, haja vista que o preço nesse tipo de aquisição passa a ser muito atrativo, pois ficam abaixo do preço de mercado.

Em geral, os leilões de imóveis ocorrem por uma questão de endividamento por parte do proprietário. Com isso, para que tal dívida seja paga, coloca-se o imóvel à venda. A origem desta dívida definirá o tipo do leilão. Consequentemente, também se definirá o formato e características do evento.

Antes de tudo, um leilão é um evento conduzido por um profissional especializado e devidamente habilitado. Nesse caso, o leiloeiro. Do mesmo modo acontece com os leilões de imóveis.

Trata-se de ato comercial em que bens imóveis serão negociados. Tal negociação acontece em local e data predeterminados, para que imóveis sejam colocados à venda, por meio da oferta de lances. Compra o imóvel o candidato que fizer a melhor oferta.

O leilão é uma forma de venda de bens ao público, em que o leiloeiro faz o anúncio do imóvel e estipula o valor mínimo para a sua aquisição. Dessa forma, os interessados fazem o lance e vence o lance mais alto. Após essa etapa, surge o arrematante do imóvel.

Contudo, é necessário que haja alguns cuidados nesse tipo de transação. Alguns imóveis arrematados em leilões estão ocupados, o que será necessário para o arrematante entrar com uma possível ação judicial, o que pode gerar custos extras, então, fiquem atentos a todos os detalhes de um leilão.

Qual local de realização dos leilões

Como já dissemos, eles acontecem em data, hora e local predefinidos. No entanto, esse local pode ser físico ou virtual. Ou seja, eles podem acontecer presencialmente ou online. E ainda existe a opção híbrida, em que os dois formatos acontecem simultaneamente.

Com a pandemia, os formatos virtuais se consolidaram. Certamente a grande vantagem disso é a possibilidade de participar de leilões em outros estados ou cidades.

Quais os tipos de leilão de Imóveis

Existem dois tipos de leilão: judiciais e extrajudiciais.

- Leilão judicial – Os leilões judiciais são aplicados quando o bem é apreendido ou penhorado por meio de um processo judicial, ou seja, são determinados por um juiz. Nesse caso, o valor da venda é utilizado para quitar as dívidas do proprietário.

- Leilão extrajudicial – os leilões extrajudiciais acontecem por motivos diversos. Geralmente são realizados por instituições, bancos e até mesmo pessoas físicas. Além disso, em um leilão extrajudicial são penhorados os bens utilizados como garantia de uma dívida que não foi honrada.

Diferenças básicas entre os tipos de leilões

Leilão judicial:

- Conforme o Novo Código de Processo Civil (2016), é possível parcelar os imóveis em até 30 vezes, desde que com pagamento de 25% à vista e o restante em parcelas iguais corrigidas monetariamente;
- os leilões judiciais possibilitam o pagamento à vista ou, então, um parcelamento por meio de depósito em juízo;
- a avaliação nos leilões judiciais é feita por engenheiros determinados pelos juízes ou até mesmo pelo oficial de justiça;
- usa-se o valor arrecadado para quitar as dívidas do credor;
- em conclusão, é preciso constar no edital quem assumirá as dívidas do imóvel.

Leilão extrajudicial:

- O leilão extrajudicial é uma venda que não envolve processo na Justiça, podendo ser conhecido, também, como leilão empresarial;
- a Caixa é o principal banco nos leilões extrajudiciais. Além dela, os que mais movimentam são o Banco do Brasil, Banco Inter, Santander, entre outros;

- os engenheiros das próprias instituições são responsáveis pelos imóveis;
- nesse tipo de leilão as instituições responsáveis assumem as dívidas dos imóveis.

O que é preciso para entrar no mercado de leilões

Em primeiro lugar, basta ser maior de idade, ou seja, ter completado 18 anos para estar apto a participar de um leilão. Em segundo lugar, é preciso se cadastrar junto ao leiloeiro responsável.

Esse cadastro é feito online, com apresentação dos documentos exigidos em edital. Depois disso é só aguardar a finalização. Após o cadastro terminado, solicite a habilitação para o leilão de que quer participar. Trata-se de um processo bem ágil. Uma vez o cadastro concluído, basta acompanhar o leilão e dar os lances desejados.

Estude o mercado de leilões de imóveis

Os leilões de imóveis agregam bastante ao mercado imobiliário. Sendo assim, é fundamental conhecer bem o mercado para tomar as decisões certas. Por exemplo, quanto investir, tempo de retorno do investimento, dentre outros aspectos importantes.

Pra começar, escolha se vai atuar em leilões judiciais ou extrajudiciais. Afinal, cada tipo de leilão tem suas características próprias, seja na forma de investir ou formas de pagamento, riscos assumidos, enfim, muito a se pensar.

Empreendimento ou investimento?

Entenda o mercado de leilões de imóveis sob esses dois aspectos, pois existe um pouco de cada. Certamente trata-se de um investimento. Afinal, quando se decide entrar nesse mercado, o lucro é a principal meta.

No entanto, ele se torna também um empreendimento quando exige um conhecimento prévio, tempo de dedicação, tanto no momento de escolher os imóveis, dar lances, arrematar e, por fim, transformá-los em dinheiro novamente.

O tempo de retorno do capital investido e do lucro é um aspecto importante. E esse aspecto se encaixa tanto no segmento dos investimentos quanto dos empreendimentos.

Vale dizer que a média de retorno do investimento oscila entre 1 ano a 1 ano e meio. Isso considerando do início ao fim do processo, ou seja, desde o arremate até a venda do imóvel.

Dicas importantes para quem quer entrar no mercado de leilões:

1. Leia bem o edital;
2. se puder, visite o imóvel antes ou pesquise sobre ele;
3. prefira imóveis desocupados;
4. saiba qual o tipo de execução;
5. verifique o valor da avaliação x valor de mercado para revenda;
6. verifique a conservação do imóvel e se haverá necessidade de reforma, e o seu custo;
7. informações do proprietário — se tem alguma certidão positiva;
8. pendências do imóvel — valor do condomínio, IPTU, contas de água, luz etc.;
9. comissão da empresa leiloeira;
10. cheque a forma de pagamento;
11. é importante consultar um profissional especializado em Direito Imobiliário, além de buscar uma consultoria jurídica sobre o imóvel e o leilão;
12. registre o imóvel depois de arrematado.

Assim, a aquisição de imóveis em leilão pode ser um bom negócio, desde que avaliados todos os riscos.

CONCLUSÃO DO CAPÍTULO

Como você viu, são várias as possibilidades de aumentar o seu patrimônio ao investir em imóveis, especialmente por meio do mercado financeiro, que oferece algumas vantagens que não comprometem a rentabilidade final.

Entretanto deve-se ter a consciência de que o mais importante é saber o que está fazendo, jamais entrar em algum tipo de empreendimento ou fazer qualquer investimento sem conhecer tudo sobre o produto.

Não precisa ser técnico, basta ter a consciência de que precisa saber gerir, ou seja, para investir não precisa saber a parte operacional, basta procurar os profissionais certos para te assessorarem, porém é necessário ter certo conhecimento para ninguém te passar para trás ou te tirar proveito.

E também é importante saber que não existe nada que prosperou sem AÇÃO e CONSTÂNCIA, ou seja, não basta ter sonhos, fazer projetos e não executar e ser constante, pois o mundo é dos mais focados, dos que fazem acontecer e não dos mais inteligentes (técnicos).

Não precisa ser médico para ser dono de um hospital, muito menos engenheiro civil para ter uma construtora. O que quero que entenda é que você precisa empreender sempre. Ser assalariado te deixa na zona de conforto, mas não te leva até a riqueza.

Empreenda sempre, mesmo que não queira ser empresário, já que te mostrei formas de empreender dentro de uma grande empresa, e prosperar. Se destaque em tudo que for fazer por meio de sua visão e ação empreendedora.

Invista sempre em ativos que vão lhe trazer rendimentos e multiplicação de patrimônio, e seja sábio para agir na hora certa e recuar quando for preciso.

Investimento em renda fixa, quando ainda se está na fase de multiplicação dos investimentos, deve ser só para aguardar oportunidades, e não deixar de rentabilizar esse dinheiro que vai ficar parado, esperando a hora certa de entrar em algum investimento de maior multiplicação. Entendeu a ideia?

Nunca deixe seu dinheiro ocioso, coloque-o para trabalhar 24 horas por dia pra você. E seja inteligente para aproveitar oportunidades de bons investimentos, que com certeza vão aparecer se tiver no lugar certo e hora certa pra isso.

Pense sempre à frente da maioria, como diz nosso companheiro Flávio Augusto: "saia da manada", ou como nosso goiano bilionário Pablo Marçal, "vá contra o sistema e faça suas próprias teorias", e saiba que você é capaz de tudo, basta colocar em prática aquilo que estudar: VOCÊ PODE ABSOLUTAMENTE TUDO!

CAPÍTULO 5

VIVENDO DE RENDA PASSIVA

Como ter uma renda mensal, investindo na bolsa de valores, fundos imobiliários, imóveis, renda fixa.

INTRODUÇÃO

Historicamente, nós, brasileiros, temos a ideia de que investimentos que geram renda mensal são apenas os de renda fixa, principalmente a poupança, que, por sinal, é um dos piores do mercado em retorno financeiro. E quando se trata de renda variável, se pensa apenas em ações de alto risco e sem geração de renda.

Porém, existem formas de se investir em renda variável e também conseguir uma renda mensal, que é o caso das ações de empresas que pagam "dividendos" a seus acionistas — que é a divisão de lucros da empresa. Montando uma boa carteira com esses papéis, você vai conseguir alcançar esse objetivo de ter renda mensal — sem contar que consegue baixar sua média de valor de compra dos papéis.

Outra forma muito interessante de investimento na bolsa de valores, pensando em renda, é montar uma carteira de fundos imobiliários, que também poderá valorizar ao longo dos meses, anos, e que vai te dar uma renda mensal.

Muito se fala que investimentos de geração de renda mensal só funciona na renda fixa, mas quem faz esse julgamento não sabe o que fala. Hoje na bolsa de valores, temos inúmeras opções de investimentos que vão te dar essa renda mensal. Adiante, vamos aprofundar nesse tema.

Entretanto, antes de começar nesse mundo de investimentos na bolsa, te aconselho a conhecer como funciona esse mercado, pois, sem conhecimento, as chances de perder dinheiro são grandes. Se ainda não tiver esse conhecimento, te indico o meu e-book *Aprenda a investir na bolsa de valores* (2022), em que explico detalhadamente como funciona o mercado de renda variável.

Depois de se organizar financeiramente, de ter uma boa renda e os gastos controlados, o que temos que buscar é como fazer o dinheiro se multiplicar sem sua presença física, ou seja, RENDA PASSIVA, e neste livro o meu objetivo é te ajudar a montar uma carteira com ações de empresas que são boas pagadoras de dividendos, as quais, além de terem uma valorização ao longo do tempo, irão te gerar renda. Você também vai aprender o que é um fundo imobiliário e como montar uma boa carteira com esses papéis para conseguir gerar uma boa renda mensal.

PROVENTOS: o que são e como funcionam

Esse tema é um dos tópicos mais pesquisados quando o assunto é **viver de renda**. Trata-se de um dos maiores desejos de quem está em busca da independência financeira. Em resumo: proventos são formas de remuneração de acionistas e cotistas em ações, fundos imobiliários e BDRs, pagos por empresas de capital aberto.

Essa **distribuição de parte do lucro de uma determinada empresa** é o que muitos acionistas buscam. Existem vários tipos de proventos:

- *Dividendos* – distribuição de lucros que as empresas fazem aos acionistas depois da apuração do lucro líquido, então será isenta do IR para os acionistas;
- *juros sobre capital próprio* – distribuição de lucros que as empresas fazem aos acionistas antes da apuração do lucro líquido, ou seja, isso entra como despesa para empresa, então o acionista fica com IR retido na fonte sobre o valor recebido, tendo como obrigação o recolhimento de 15% dele;
- *bonificação* – é a distribuição de novas ações aos acionistas de uma empresa de forma gratuita. Essa divisão se dá em cima do aumento de capital de uma sociedade, mediante a incorporação de reservas e lucros, quando são distribuídas gratuitamente novas ações a seus acionistas, em número proporcional às já possuídas. Isto é, o acionista não recebe dinheiro, mas sim ações;
- *direitos de subscrição* – ocorrem quando uma empresa decide colocar mais ações à venda na bolsa pois, por lei, ela é obrigada a dar preferência de compra dessas novas ações a seus atuais investidores, para que esses tenham a oportunidade de manter a mesma % de participação na empresa.

Neste tópico, vamos falar mais sobre o tipo de provento mais popular: os dividendos, visto que grande parte das empresas que são consideradas seguras oferecem dividendos como forma de remunerar os seus acionistas. Como normalmente o preço das ações dessas empresas estáveis não varia muito, elas oferecem esse diferencial para atrair e reter novos investidores.

Nos tópicos a seguir, você vai:

- Aprender o que são dividendos;
- conhecer quais são os tipos de dividendos existentes;
- saber se é possível viver de rendimentos;
- aprender a calcular dividendos;
- conhecer a agenda de dividendos;
- saber como montar a melhor carteira de dividendos;
- entender as taxas de investimento em dividendos.

O que são dividendos

Dividendos são proventos (partes do lucro de uma empresa) que são distribuídos entre os seus acionistas, visto que eles são distribuídos em dinheiro. Ações que pagam bons dividendos são as favoritas dos investidores mais conservadores.

É natural que os sócios de uma empresa recebam parte do lucro. Em grandes empresas de capital aberto, como todas da bolsa de valores, essa **distribuição de parte do lucro líquido acontece por meio de dividendos.**

Esse termo está diretamente ligado à bolsa de valores (B3) e às organizações que aparecem listadas dentro do mercado de ações. Todas as empresas da B3 têm necessariamente que dividir no mínimo 25% dos seus lucros com os detentores de seus papéis.

Então, o dividendo pode ser pensado como uma parte de um grande bolo que determinada empresa produz. E a divisão desse bolo acontece de acordo com a quantidade de papéis que você possui. Então, quanto mais ações você tiver, maior o seu pedaço será.

As empresas também podem escolher entre partilhar todo o seu lucro com os seus acionistas ou manter alguma porcentagem para si. Tal lucro também pode ser distribuído por meio dos Juros Sobre Capital Próprio

(JCP). Essa é uma forma diferente de distribuir os lucros de uma empresa entre os seus acionistas. A principal diferença é que esse tipo de provento é considerado como uma despesa para a companhia. Isso acontece, pois o JCP é descontado antes do lucro líquido, o que garante um benefício fiscal a mesma.

Como as empresas pagam dividendos

Para uma empresa pagar dividendos, ela deve seguir alguns passos. O primeiro deles é conseguir aprovação do seu Conselho Administrativo, órgão interno que supervisiona as atividades da organização. Nele, seus membros se reúnem e decidem a respeito da proposta, avaliando se há lucro suficiente para distribuir uma parte aos acionistas.

Feito isso, o próximo passo é protocolar a decisão na Comissão de Valores Mobiliários (CVM), vinculada ao Banco Central. O objetivo é informar publicamente a decisão de pagar os dividendos e também os valores e as datas para que isso aconteça.

Uma vez que todos os passos são realizados, resta o pagamento: os dividendos devem ser creditados nas contas dos acionistas.

Como funciona o investimento em dividendos

O pagamento de dividendos pode acontecer de maneira mensal, trimestral, semestral ou anual. Além disso, algumas instituições aumentam os valores da distribuição de seus lucros ao longo do tempo. Por exemplo, uma determinada organização pode oferecer dividendos de 25% agora e aumentá-los no ano seguinte para 40%. Isso não é uma regra, mas normalmente as empresas que têm a fama de pagar dividendos crescentes **não costumam decepcionar os seus acionistas.**

Quando uma companhia paga dividendos, ela provavelmente possui uma governança corporativa mais sólida, em que o fluxo de caixa é previsível. Empresas que ainda estão crescendo precisam investir e expandir mais rápido. Assim, elas costumam não distribuir os dividendos nesse período, visto que, quando elas se tornam boas pagadoras de dividendos, **isso acaba atraindo cada vez mais investidores.**

Existem alguns nomes que todo acionista deve conhecer para se beneficiar da melhor maneira possível com dividendos. São eles:

Data de registro

A data de registro é o dia que as empresas usam para determinar quem são os seus acionistas. Tal data precisa constar na contabilidade da organização para que seus investidores possam receber a sua parte dos lucros.

Nesse dia, também é definido quem receberá procurações, relatórios financeiros e outras informações que são importantes para o processo de distribuição de dividendos.

Data de declaração

É na data de declaração que acontece o anúncio dos dividendos pelo Conselho de Administração. Nesse dia, são comunicados o valor do dividendo, a data de registro e a data de pagamento.

Após tal divulgação, a companhia em questão tem a obrigação legal de partilhar os seus lucros.

Data ex-dividendo

O ex-dividendo surge quando novos acionistas não possuem mais direito aos recebimentos do dividendo declarado. Existe um dia, conhecido como "data-ex", em que os ex-dividendos são anunciados. Então, se um acionista comprar uma ação após essa data, quem recebe a sua parte na divisão dos lucros é o vendedor da ação, ou seja, quem estava em posse dela.

A data-ex normalmente acontece dois dias úteis antes da data de registro. Mas isso pode variar em pagamentos que não são feitos em dinheiro.

Índice de cobertura de dividendos

O índice de cobertura de dividendos é a relação existente entre o lucro líquido de uma organização e os dividendos pagos aos seus investidores. Assim, os acionistas conseguem medir mais facilmente a capacidade que a empresa tem de pagar pelos seus dividendos.

Tal índice é calculado por meio da divisão do lucro total pelo valor do dividendo de uma determinada ação.

Planos de reinvestimento dos dividendos (PRD)

O plano de reinvestimento dos dividendos é um planejamento feito por uma determinada empresa, a fim de permitir que seus acionistas reinvistam os dividendos pagos em dinheiro de forma automática.

Com isso, tal reinvestimento é programado para acontecer no dia da divisão de parte do lucro da empresa. Essa pode acabar sendo uma ótima oportunidade para os acionistas que visam a aproveitar o potencial de capitalização da organização. Isso se dá porque a gestora do PRD deixa de receber o seu dividendo na data combinada, revertendo esse valor em compras de ações adicionais.

Normalmente, as empresas permitem que essa compra automática seja realizada com descontos e sem comissões.

Distribuição de dividendos

Existe um dia, conhecido como "data-ex", em que os ex-dividendos são anunciados. Então, se um acionista comprar uma ação após essa data, quem recebe a sua parte na divisão dos lucros é o vendedor da ação.

O pagamento de dividendos é comum na bolsa de valores. Ao comprar um papel, você ganha o direito de receber parte do lucro líquido de uma companhia. Na maioria das situações, investidores não têm influência sobre o lucro de uma empresa.

O período de pagamento é definido pelo conselho de administração da empresa. Você pode decidir sacar ou **reinvestir em mais ações**. Esse dinheiro entra na sua conta na corretora.

As empresas que distribuem mais proventos possuem um ***dividend yield*** maior, ou seja, esse é o **rendimento do dividendo**. Trata-se de um índice que mede o rendimento dos dividendos, em um período de tempo, em relação ao preço de suas ações, isto é, esse valor é calculado a partir dessa equação:

Dividendos pagos por ação/cotação atual da ação = dividend yield

Qualquer acionista pode utilizar índices e indicadores das organizações para identificar **boas pagadoras de proventos**, por exemplo. Portanto, esse indicador é importante para você comparar a **rentabilidade dos dividendos** entre empresas.

Calculando o dividend yield

Como saber se uma empresa paga bons dividendos? Basta fazer uma simples conta para achar o *dividend yield*. Ele mostra a relação entre os dividendos pagos e o valor de cada ação.

Vejamos a fórmula:

Dividend yield (DY) = Dividendos pagos por ação/valor da ação x 100

Agora vamos a um exemplo: imagine que o preço atual da ação ABCD3 seja R$ 30 e ela distribuiu R$ 1 de dividendo por ação. O DY será: 1 / 30 X 100 = 3,33%.

Quanto maior o *dividend yield*, maior o valor distribuído pela empresa em relação ao valor que o acionista paga pela ação.

Vale dizer que o DY varia de acordo com a oscilação dos preços das ações e também conforme o total de dividendos pagos no período. Dessa forma, se o preço da ação cair, o *dividend yield* irá subir.

Dividendo alto é um bom sinal?

Segundo a Lei das S/As de 1976 (Lei nº 6.404), as empresas listadas na bolsa de valores que tiverem lucro líquido devem distribuir uma porcentagem dele entre os acionistas. Não existe um percentual mínimo obrigatório do lucro que deve ser dividido entre os investidores, mas as empresas costumam distribuir em torno de 25% do lucro líquido ajustado.

As companhias podem ainda, ao invés de distribuir os dividendos, reinvestir parte do lucro para melhorias internas. É interessante dizer que um *dividend yield* (DY) alto nem sempre indica bons retornos para o acionista ao longo prazo. O valor do DY é obtido pela divisão dos dividendos pagos por ação pela cotação atual da ação.

Às vezes, os papéis pagam bons dividendos porque não têm muitas chances de crescimento, como, por exemplo, as empresas do segmento de energia elétrica, por terem limitação de crescimento pelos limites geográficos impostos pela concessão pública desse serviço.

Já o DY baixo pode ser sinal de que a empresa está reinvestindo uma parte do lucro para o crescimento da empresa. Se aumentar muito num curto espaço de tempo, pode indicar que a empresa poderá ter problemas financeiros no futuro. Essa distribuição, às vezes, pode estar sendo paga pelo caixa e não pelos lucros.

Porém, na hora de avaliar uma ação é muito importante olhar não apenas o *dividend yield*, mas também outros fatores fundamentalistas para entender a saúde financeira da empresa.

Dividendo especial extraordinário

Um dividendo especial é um pagamento extra que as empresas fazem aos seus investidores. Isso pode acontecer por inúmeros motivos, como um ganho inesperado ou um súbito aumento de caixa da organização.

É possível viver de dividendos? Entenda qual é o rendimento

Só é possível viver de dividendos de acordo com o seu capital e, claro, seu estilo de vida

A resposta para essa pergunta varia de pessoa para pessoa. Tudo dependerá de quanto você julga ser necessário receber mensalmente, a fim de conseguir pagar as suas contas e, claro: quanto você tem para aplicar.

Além disso, é fundamental que você diversifique os seus investimentos. Isso acontece para que os seus riscos possam ser minimizados. Como já dizia o ditado: "Não coloque todos os seus ovos em uma cesta só". Então, se você planeja viver de dividendos, é essencial que você escolha empresas de setores diferentes e conheça muito bem cada uma delas.

Também é necessário que você seja realista quanto à periodicidade com que precisará receber os seus pagamentos.

Como calcular dividendos

Para calcular o valor de um dividendo é preciso conhecer a fundo a empresa

Por ser **parte do lucro líquido de uma empresa**, o que determina a quantidade de dividendos distribuída aos investidores é o resultado financeiro apresentado pela organização.

O lucro líquido é todo o montante em dinheiro que "sobra" das operações de uma companhia após a dedução de todos os descontos cabíveis. Esse valor pode ser facilmente encontrado nos relatórios que são disponibilizados aos investidores. Você também pode achá-lo no próprio site da bolsa de valores.

Além disso, este é um dos poucos fatores determinantes para que esse pagamento ocorra. Pois, se a companhia **não lucrar**, seus acionistas não vão ter o que receber. Para evitar esse tipo de situação, algumas empresas criam uma espécie de "reserva de lucro".

Exemplos

Normalmente, os dividendos são calculados como um valor por ação. Ou seja, cada investidor recebe uma quantia baseada no número de papéis que possui. Por exemplo, se você possui 200 ações da Petrobrás e ela decide pagar R$5 por ação de seu dividendo anual, o seu rendimento será de $1000 (200 ações x R$5 por ação).

Esse valor também pode ser calculado em relação a uma porcentagem predefinida do valor atual da ação.

Por exemplo, digamos que uma empresa tenha anunciado a distribuição de um *dividend yield* de 3%. Com isso, o valor recebido por seus acionistas será de 3% do preço atual da ação. Então, para saber o valor exato a ser recebido, é só multiplicar tal porcentagem pela quantidade de ações que o investidor possui na Data Com.

Imaginemos que o preço pelo qual as ações da Vale estão sendo negociadas é R$60. Suponha, também, que ela esteja oferecendo um dividendo de 2%. Com isso, o valor do dividendo seria de R$1,20 por ação (2% do dividendo x R$60 por ação).

Agenda de dividendos

Comparar informações é essencial para um investimento bem-sucedido

A agenda de dividendos é um conjunto de previsões. Ela serve para que um acionista consiga acompanhar as empresas pagadoras de dividendos. Uma agenda de dividendos normalmente possui as seguintes informações já explicadas:

- **Empresa;**
- **evento;**
- **valor;**

- **data-ex;**
- **data pagamento.**

Tais informações costumam ser atualizadas diariamente. Com isso, é fundamental que os acionistas a analisem periodicamente. Portanto, o mais importante é saber as datas.

Data Com e Data Ex

Quando uma empresa vai distribuir proventos, como dividendos e JSCP, ela também informa a Data Com e data-ex, sendo que o investidor deve ficar de olho, caso queira entrar naquele momento visando ao recebimento dos dividendos.

A Data Com representa o último dia que o acionista deve ter posição na empresa para poder ter o direito. Já a data-ex, também conhecida como "ex-dividendos", é o dia útil seguinte à Data Com e é a data a partir da qual todo investidor que comprar a ação não terá direito a receber o provento anunciado.

Vale dizer que a data de pagamento pode acontecer no mesmo mês ou se estender por um período maior. Como citamos acima, quem tinha ações da CMIG4 até o dia 23 de dezembro de 2019 só foi receber os juros sobre capital próprio no dia 30 de dezembro de 2020.

6 passos para montar a melhor carteira de dividendos

Possuir uma boa estratégia traz ótimos resultados

Não existe uma receita de bolo ou fórmula mágica para montar uma ótima carteira de dividendos. Mas, independentemente de qualquer coisa, saber optar pelas empresas certas para compor a sua carteira é fundamental. Se você quer ter ótimos resultados no mercado de ações, os quatro passos listados a seguir com certeza irão te ajudar.

Passo 1: analise a empresa

Na hora de escolher em qual ação investir para receber bons dividendos, é importante analisar com detalhes a empresa da qual deseja se tornar sócio. Sim, pois investir em ações implica exatamente isso: adquirir uma parte da propriedade da companhia.

Então, não basta apenas escolher ações de dividendos muito elevados, visto que o cálculo do *dividend yield* é feito com base na divisão do valor esperado em dividendos pelo preço das ações.

Isso significa que uma empresa cuja ação esteja cotada a um valor muito baixo, naturalmente, vai apresentar dividendos proporcionalmente maiores.

Passo 2 – Conheça o histórico de pagamento

Outro passo importante na hora de escolher ações para carteira é analisar o histórico de pagamento de dividendos da empresa.

Nessa avaliação, considere os resultados dos últimos cinco anos, pelo menos, ou seja, se uma empresa paga bons dividendos em um ano e no outro não, ela pode não ser uma boa ação para a carteira.

Passo 3 – Fique atento às datas de pagamento

É necessário estar atento às datas nas quais as empresas pagam dividendos, com isso, será mais fácil montar uma boa carteira de dividendos de acordo com suas necessidades.

Passo 4 – Mantenha o foco da sua carteira no longo prazo

As carteiras de dividendos devem ser planejadas com foco em longo prazo, isto é, não é interessante que os investidores fiquem preocupados com as oscilações do curto prazo. Afinal, o foco está no recebimento de dividendos.

Portanto, a fim de realizar essa análise da melhor forma possível, você precisará levar em conta alguns dos principais indicadores de ações:

- **_Dividend yield_**: indicador que mede a rentabilidade dos dividendos em relação ao preço das ações de uma determinada empresa.
- **_Dividend payout_**: a porcentagem do lucro que será pago aos investidores.

Passo 5 – Diversifique com sabedoria

Diversificação é um fator muito importante em qualquer carteira, mas isso não elimina a necessidade de cautela e planejamento. Para montar uma carteira de dividendos, o ideal é escolher entre cinco e oito ativos. Isso vai permitir que você possa estudar bastante sobre cada ação que vai compor a carteira.

Passo 6 – Escolha empresas sólidas e com boa geração de caixa

Outro passo importante é escolher empresas consolidadas no mercado e com boa geração de caixa. As companhias que costumam ser boas pagadoras de dividendos, geralmente, são empresas que não precisam desembolsar grandes quantidades de dinheiro para realizar seus investimentos, justamente por já terem seus processos desenvolvidos.

Tabela 2 – Melhores pagadoras de dividendos 2022

POSIÇÃO	TICKER	DY (%)	NOMINAL POR AÇÃO (R$)
1	BRAP4	31,25	9,04
2	PETR4	26,44	7,91
3	PETR3	23,95	7,91
4	BRKM5	21,01	9,24
5	MRFG3	20,55	3,23
6	GOAU4	19,82	2,42
7	CMIN3	19,25	0,93
8	ENBR3	17,97	3,81
9	VALE3	16,27	14,11
10	QUAL3	12,31	1,37

Fonte: Gorila e B3

Dados referentes até 31/05/2022 e que, até essa data, já tinham uma data de pagamento (não só data-com) no site da B3.

1. Bradespar (BRAP4)

Considerando os dados até 31 de maio, a Bradespar (BRAP4) é a melhor pagadora de dividendos do Ibovespa em 2022 com um *dividend yield* (DY) de 31,25%.

A empresa aprovou, no dia 29 de abril, o pagamento de dividendos no valor de R$ 600 milhões, sendo R$ 1,433324328 por ação ordinária e R$ 1,576656761 por ação preferencial.

2 e 3. Petrobras (PETR4) e (PETR3)

Quem tem ações da Petrobras (PETR4 e PETR3) na carteira ficou feliz da vida com o anúncio da Assembleia Geral Ordinária, realizado em

13 de abril. A estatal distribuiu em 16 de maio R$ 2,942 por ação ordinária (PETR3) ou preferencial (PETR4) em circulação.

4. Braskem (BRKM5)

Recentemente, a Braskem (BRKM5) distribuiu dividendos aos acionistas. Foram R$ 766.187.593,13, que equivalem a R$ 1,696348838321 por ação ordinária, e R$ 583.812.406,87, correspondentes a R$ 1,696348838321 por ação preferencial classe "A". Somados todos os dividendos pagos desde junho de 2021, o *dividend yield* da empresa foi de 21,01%.

5. Marfrig (MRFG3)

Apesar de ocupar o 5º lugar entre as boas pagadoras de dividendos, com um DY de 20,55%, a Marfrig (MRFG3) registrou lucro líquido de R$ 108,8 milhões no primeiro trimestre deste ano de 2022, representando uma redução de 61,1% em relação ao mesmo período do ano passado.

6. Metalúrgica Gerdau (GOAU4)

A Metalúrgica Gerdau (GOAU4) também figura entre as melhores pagadoras de dividendos em 2022. A empresa alcançou um *dividend yield* de 19,82% ao longo do ano. O papel da maior produtora de aço do Brasil pode se valorizar ainda mais, e refletir em proventos, com possíveis sanções internacionais contra a Rússia, já que o país é o quinto maior exportador de aço do mundo.

7. CSN Mineração (CMIN3)

Recentemente, a CSN Mineração (CMIN3) teve R$ 2,52 bilhões em dividendos distribuídos aos seus acionistas. O valor dos proventos por ação foi de R$ 0,45, sendo que apenas os investidores com ações da mineradora na carteira até o dia 29 de abril tiveram direito a eles.

8. EDP Brasil (ENBR3)

Com um *dividend yield* de 17,97%, a EDP Brasil (ENBR3) pagou o valor total bruto de R$ 1 bilhão e 258 milhões em proventos. Cada ação ordinária recebeu R$ 1,404434994 de dividendos e 0,7892318369 de juros sobre capital próprio (JSCP).

9. Vale (VALE3)

Ao longo do último ano, os acionistas da Vale (VALE3) receberam cerca de R$ 14,11 por ação, representando um DY de 16,27%.

A empresa ainda deve se beneficiar com a manutenção dos preços do minério de ferro no curto prazo. Só para se ter uma noção, o minério negociado na China saltou de US$ 100 no final de 2021 para cerca de US$ 137. Além disso, a Vale divulgou que pretende recomprar até 500 milhões de suas próprias ações — ou cerca de 10% de seu capital.

10. Qualicorp (QUAL3)

Com um *dividend yield* de 12,31%, a Qualicorp (QUAL3) fecha o nosso ranking. Recentemente, a empresa anunciou o lançamento de um plano de assistência veterinária à saúde de pets.

Além disso, os papéis da companhia operavam em alta no início de junho, beneficiados pela decisão do Supremo Tribunal de Justiça (STJ) que desobriga as operadoras de planos de saúde a cobrirem procedimentos médicos que não estão previstos na lista da Agência Nacional de Saúde (ANS).

Saiba escolher uma corretora

As corretoras cobram taxas de corretagem por operação, que variam de corretora para corretora, além das taxas da Bovespa (0,0325% do valor da operação) e o ISS (em geral, de 5%).

Entre as que cobram corretagem fixa, os valores variaram de R$ 0,99 (Mirae) a R$ 20 (Banco do Brasil). O Bradesco cobra corretagem em forma de percentual: de 0,1% a 0,25%. O Itaú e o Santander cobram uma taxa fixa e percentual: R$ 10 + 0,3% do valor da ordem e R$ 10 + 0,25%, respectivamente.

Quando há cobrança de taxa de custódia, ela é mensal e varia de 0,013% sobre o valor (Banco do Brasil) até R$ 30,88 (Santander). A Rico, XP e a Easynvest não cobram essa taxa. A Ativa, o Bradesco e a Mycap podem isentar os clientes de acordo com o volume ou número de operações no mês ou com o plano escolhido.

Taxas do investimento em dividendos

Existem algumas taxas que são cobradas nesse tipo de negócio

É necessário que você conheça todos os custos envolvidos para tomar sempre a melhor decisão no momento de investir em dividendos.

Taxa de corretagem

A taxa de corretagem é o valor pago à corretora para que ela possa efetuar uma transação junto à bolsa de valores. Esse valor pode ser fixo ou variável e quem define isso é a própria corretora. Por isso, pesquise sempre para conseguir o melhor custo-benefício.

Normalmente, quando o *home broker* é utilizado, essa taxa é fixa. Mas, quando as operações são realizadas pela mesa de operações da corretora, esse valor pode ser variável.

Imposto Sobre Serviço (ISS)

O Imposto Sobre Serviço incide sobre o valor da taxa de corretagem. Ele varia entre 2% e 5% dependendo da localização da sede da corretora. Mas algumas corretoras não cobram o ISS porque ele já se encontra inserido no preço da taxa de corretagem.

Taxa de manutenção da custódia

A taxa de manutenção da custódia cobre os gastos que a corretora tem junto à Câmara de Ações para guardar as suas ações. Ela é uma taxa fixa que é cobrada pela maioria das corretoras de forma mensal.

Além disso, a taxa de manutenção da custódia só é cobrada quando existem ativos em custódia no mês de referência. É bom pesquisar, pois algumas corretoras não cobram essa taxa, a Rico, por exemplo.

Taxa sobre o valor em custódia

A taxa sobre o valor em custódia também é cobrada pela B3 (antiga BM&FBovespa), a fim de realizar a guarda das suas ações. Ela é uma taxa variável e é cobrada de maneira mensal conforme as posições em aberto no último dia útil do mês.

Emolumentos e taxa de liquidação

Os emolumentos e a taxa de liquidação são cobrados pela Câmara de Ações e pela B3. Esses valores garantem o registro de todas as ordens que são enviadas pelas corretoras. Eles são cobrados baseados em um percentual fixo sobre o preço total que foi negociado. Eles também variam de acordo com o tipo de operação realizada (*day trade* e normal).

Imposto de Renda (IR)

O imposto de renda (IR) é cobrado apenas de pessoas físicas que vendem ações acima de R$20.000,00 por mês. Se esse for o seu caso, será cobrado 15% de imposto de renda sobre o seu lucro menos os custos.

Mas, se você realizar uma operação *day trade*, o imposto de renda cobrado sobre o lucro auferido menos os custos da operação **será de 20%**. O IR é calculado de maneira mensal e precisa ser pago até o último dia útil do mês.

Invista em conhecimento para ter sucesso com dividendos

É imprescindível aprender mais sobre como operar na bolsa de valores de forma estratégica, pensando a longo prazo.

Não entre nesse mercado com uma postura imediatista. A principal estratégia de todo investidor que busca dividendos é saber avaliar as empresas e comprar apenas papéis de alta qualidade, isto é, sem os conhecimentos adequados, não é possível adquirir papéis de boas empresas.

Você também deve se familiarizar com o *home broker* da corretora. Pois é nele que você comprará e venderá suas ações de forma online, prática e rápida.

Reinvista os dividendos

É nesse último passo você acelera os seus ganhos para que consiga, eventualmente, viver de rendimentos. Reinvestir dividendos comprando mais ações coloca você em um ciclo totalmente positivo de enriquecimento.

Basicamente, esse passo é a repetição do que já fez até aqui. Só que o investimento será feito com os rendimentos recebidos.

Exemplo de investimento em dividendos

Quem deseja investir em dividendos, tem à sua disposição diversas opções de empresas boas pagadoras de dividendos, como Itaúsa, Engie e Banco Itaú. Além disso, existe a possibilidade de se investir em fundos de dividendos. Um exemplo é o DIVO11. O fundo negociado na B3 que tem como objetivo seguir de perto o desempenho do IDIV, que é o Índice de Dividendos da bolsa brasileira.

O DIVO11 tem carteira baseada no IDIV, portanto, exibe desempenho de acordo com a carteira de ações das empresas com os maiores *dividend yelds*, segundo o índice IDIV. Esse fundo tem algumas características interessantes, sobretudo para investidores iniciantes. Ele conta com gestão profissional e, portanto, não há necessidade de despender muito tempo estudando empresa por empresa na hora de montar sua carteira de investimento em dividendos.

Além disso, também oferece diversificação. Assim, o investidor passa a ter dinheiro aplicado em diversas ações, o que garante melhor gestão de risco. Por fim, o dinheiro proveniente dos dividendos é automaticamente reinvestido pelo fundo, o que significa que ele está rendendo constantemente.

Conclusão

Os dividendos são pagamentos que as empresas fazem aos seus acionistas de parte de seu lucro líquido

Muitas pessoas conseguem viver de renda apenas com os dividendos recebidos. Para chegar a esse ponto, você precisa ter um portfólio de investimentos diversificado e claro, um certo capital aplicado.

Mas, claro, não existe apenas uma estratégia de investimentos. O que existe é aquela que melhor se adequa aos seus objetivos financeiros. Seja qual for sua estratégia com dividendos, sempre prefira empresas sólidas no mercado.

FUNDOS IMOBILIÁRIOS – FIIs

Introdução

Uma das dúvidas mais comuns que surgem aos investidores iniciantes é o que são fundos imobiliários. Os fundos imobiliários foram regulamentados no Brasil pela Comissão de Valores Mobiliários (CVM) no ano de 1993. Apesar dos mais de 29 anos de história, muitos brasileiros ainda não sabem do que se trata os famosos FIIs.

Culturalmente, comprar imóveis físicos foi durante um bom tempo uma das alternativas de investimento mais procuradas pelos brasileiros que possuem dinheiro para investir. Com o surgimento dos FIIs, viu-se uma nova possibilidade de investir no setor imobiliário com menos recursos e de forma diversificada.

O que são fundos imobiliários e como eles funcionam

Os fundos imobiliários são conjuntos de investidores que reúnem recursos com o objetivo de investir em ativos do segmento imobiliário. Os imóveis ou ativos imobiliários são escolhidos por um gestor profissional responsável, conforme a tese de investimento e a estratégia definida pelo fundo.

Os fundos de investimento imobiliário são uma forma mais simples de investir em imóveis sem que haja a necessidade de comprá-los diretamente, ou seja, o investimento acontece por meio da aquisição de cotas e, assim, investir em FIIs faz com que o investidor se torne dono de uma pequena parte dos imóveis sem lidar com escrituras, compra de terreno ou reformas que eventualmente um imóvel precise.

A forma mais comum dos FIIs trabalharem é por meio da construção ou compra de imóveis para posterior locação. Além disso, os fundos ganham pelo arrendamento — quando um contrato entre as partes faz com que um proprietário repasse um imóvel para outra pessoa ou empresa usar em troca de uma remuneração ao fundo.

O resultado do fundo imobiliário é dividido entre os cotistas. Essa distribuição de rendimentos acontece de maneira proporcional ao número de cotas que o investidor possui. Sendo assim, o investidor de 100 cotas, por exemplo, vai receber 10 vezes mais proventos que o detentor de 10 cotas em um mesmo período.

Depois de saber o que são fundos imobiliários, uma confusão muito comum de investidores iniciantes é achar que eles são ativos de renda fixa, quando na verdade não são.

Fundos imobiliários são renda fixa ou renda variável?

Embora os rendimentos em muitos FIIs sejam mensais, isso pode dar uma ideia de que os fundos imobiliários são ativos de renda fixa, no entanto, eles pertencem à renda variável. O valor das cotas pode tanto se valorizar quanto se desvalorizar, dependendo do sucesso ou não dos investimentos feitos pelo fundo e a demanda pelas cotas.

A variação do preço das cotas de fundos imobiliários no mercado ocorre pela lei de oferta e demanda. Se há um número fixo de cotas emitidas naquele período, e uma variação positiva na demanda, ou seja, mais investidores comprando aquele ativo do que vendendo, a variação da cota será positiva.

Se há mais pessoas vendendo suas cotas, então o preço de cada uma delas pode se desvalorizar. Uma maior demanda pelos fundos imobiliários significa que os investidores estão tendo uma percepção de crescimento para esses FIIs, e isso muda conforme a recorrência de resultados, fatos relevantes, aquisição e venda de imóveis etc.

Como funcionam os fundos imobiliários

Os fundos imobiliários de maior relevância são negociados na bolsa de valores brasileira (B3). Nesse caso, assim como as ações de empresas, cada um deles tem um *ticker*, que são códigos formados por letras e números que identificam o FII em questão.

No caso dos fundos imobiliários da B3, eles são formados por 4 letras que representam a identidade do FII e o número 11 ao final que indica que se trata de um fundo imobiliário. Pode ainda ter uma letra "B" ao final do *ticker* que mostra que aquele fundo é listado no mercado de balcão organizado da Bolsa Brasil Balcão.

Embora os fundos imobiliários sejam considerados ativos de risco por si só por serem de renda variável, cada um dos FIIs também tem o seu próprio risco, de acordo com a tese de investimento do fundo e a estratégia escolhida.

Um fundo imobiliário é dividido em cotas, que representam uma pequena parte do patrimônio total do fundo, sendo essa a cota patrimonial. A cota a mercado é o valor que os investidores estão negociando, conforme a demanda por aquele ativo.

Mesmo após entender como funcionam os fundos imobiliários, é importante que o investidor saiba quanto de dinheiro é preciso para começar nesse mercado.

Quanto dinheiro é preciso para investir em fundos imobiliários

O rendimento total que um fundo imobiliário vai trazer ao investidor é a soma da valorização da cota (ou desvalorização) com os rendimentos distribuídos aos cotistas. Quanto mais cotas o investidor possui no total, maior será o lucro ou o prejuízo obtido por ele.

Importante destacar que nem todos os FIIs são negociados na bolsa de valores, geralmente apenas os mais conhecidos. Para negociar um fundo imobiliário que não está listado na B3 é preciso que a compra e venda seja feita diretamente com outros investidores, o que pode ser um processo mais lento e complexo.

O valor mínimo estimado para começar a investir em fundos imobiliários é de cerca de R$ 100,00, mas diversos fundos são negociados até mesmo abaixo desse valor. Nos custos do investimento, há a taxa de gestão de administração do fundo e, por vezes, uma taxa de performance que muda conforme o desempenho do FII.

Os rendimentos dos fundos imobiliários distribuídos aos cotistas costumam ser distribuídos mensalmente, no entanto, isso nem sempre pode ocorrer. Por lei, os FIIs são obrigados a distribuir proventos pelo menos uma vez no semestre.

Dividendos dos fundos imobiliários

Mesmo que alguns fundos imobiliários consigam realizar a distribuição de "dividendos" de forma regular, não há uma garantia de que ela será mantida, já que pode haver tanto a perda de inquilinos nos imóveis quanto atrasos nos pagamentos que comprometam a receita do FII. Essa é mais uma razão pelo qual os FIIs são considerados ativos de renda variável.

Dessa forma, saber o que são fundos imobiliários gera uma nova oportunidade de investimento, fazendo com que se tenha a possibilidade de entrar nesse mercado considerado muito promissor por diversos analistas brasileiros.

O investimento em FIIs pode trazer diversas vantagens em relação aos imóveis físicos, sendo importante entender como funcionam os fundos imobiliários e gerar novas oportunidades. Com um número cada vez maior de pessoas se informando sobre essa realidade, muitos brasileiros acabaram aderindo aos FIIs.

Os dividendos dos fundos imobiliários são isentos de imposto de renda desde que atendam a alguns pré-requisitos, mas o lucro obtido a partir da negociação de compra e venda das cotas é tributado em 20%.

Para que os proventos dos FIIs sejam isentos do IR, o fundo precisa ser negociado em bolsa de valores ou no mercado de balcão, além de possuir pelo menos 50 investidores. Por parte do cotista, ele precisa ter uma quantia inferior a 10% do total de cotas do fundo imobiliário.

De qualquer modo, entender como funcionam os fundos imobiliários auxilia o investidor a ter mais sucesso na escolha dos FIIs e, assim, ter a chance de possuir uma carteira mais diversificada e consistente nos ganhos.

Muitos investidores já vivem de renda por meio dos fundos imobiliários no Brasil. No entanto, assim como ocorre em qualquer ativo de renda variável, é muito importante conhecer aquilo em que se está investindo, por isso sempre digo: CONHECIMENTO GERA RIQUEZA.

Comprar um imóvel ou investir em fundos imobiliários?

Uma das dúvidas mais presentes entre os que querem aplicar no setor imobiliário é: investir em fundos imobiliários ou comprar um imóvel?

Embora os **FIIs** possam oferecer algumas vantagens e desvantagens, os imóveis também apresentam os seus prós e contras, ou seja, não têm garantia de rendimentos, pois podem ter gastos com manutenção e reforma, inadimplência, contas de energia, água, condomínio, meses sem alugar etc., além, é claro, do transtorno de se ter um inquilino.

É importante dizer que não existe uma resposta pronta para isso. A decisão de investir em fundos imobiliários ou comprar um imóvel é uma escolha pessoal e ambas podem ser vantajosas em diferentes momentos.

Alguns cenários podem favorecer o investimento em fundos imobiliários, principalmente para quem deseja investir no setor, mas possui uma quantia limitada para investir naquele momento, ou seja, nos FIIs você pode começar com pouco dinheiro. A partir de 100 reais, por exemplo, você já pode começar a investir, mas em imóveis físicos o investimento inicial é maior.

Comprar fundos imobiliários também pode ser mais vantajoso para quem não tem tempo suficiente para escolher e administrar um conjunto de imóveis. Além disso, para quem já possui imóveis e quer diversificar seus investimentos no setor, os FIIs podem ser uma excelente alternativa.

Por outro lado, muitas pessoas não abrem mão de ter um imóvel físico e não há nada de errado nisso. Essa possibilidade faz com que o proprietário tenha mais liberdade em modificar o que ele achar necessário, desde que esteja disposto a lidar de forma direta com seus inquilinos.

Importante lembrar que, ao comprar um fundo imobiliário, o investidor está deixando a responsabilidade de escolha dos imóveis na mão de um gestor profissional. Ao passo que, ao adquirir um imóvel físico, o proprietário se torna protagonista, necessitando muito mais de sua presença e tempo hábil para administrar seus ativos.

De modo geral, embora seja possível fazer uma análise técnica de quais vantagens cada um dos ativos oferece, a decisão de investir em fundos imobiliários ou comprar um imóvel é total responsabilidade do investidor, dependendo de suas prioridades.

Portanto, é fundamental que o investidor tenha conhecimento de como funciona cada um desses ativos. Além disso, é fundamental observar quais são os objetivos pessoais e a perspectiva de vida de cada um.

Mas a dica que podemos lhe oferecer é sempre: DIVERSIFICAR. E, quando for investir em imóveis, busque sempre os que te geram renda/retorno e sempre anote todas as despesas que esse bem venha a lhe causar — e também toda renda (recebíveis e valorização) —, para saber realmente se está te gerando renda e se realmente está compensando o seu investimento. Se quiser saber mais sobre como investir em imóveis, compre nosso e-book *Como ganhar dinheiro com imóveis* que te explico com detalhes como investir nesse ramo.

Vantagens dos FIIs em relação aos imóveis

Comprar imóveis físicos pode exigir uma quantia grande de dinheiro em um único ativo, o que acaba aumentando o risco do investimento. Além disso, mesmo que o imóvel tenha uma valorização, pode ser mais difícil vendê-lo posteriormente.

Há também os custos que esse imóvel pode te gerar como: IPTU, reformas, contas que inquilino deixam atrasadas (luz, água, condomínio etc.), inadimplência, meses ociosos sem alugar etc., com que um proprietário de imóvel precisa arcar periodicamente. Nesse contexto, investir em fundos imobiliários pode ser uma alternativa interessante para muitos investidores.

Além disso, há uma maior **liquidez dos FIIs** em relação aos imóveis, o que possibilita ao investidor ter o seu dinheiro de volta mais rapidamente em caso de venda das cotas, que podem estar sujeitas à valorização ou desvalorização.

As principais vantagens de investir em fundos imobiliários são:

1. Investir em imóveis mesmo com poucos recursos;
2. diversificação de portfólio, diluindo o risco da carteira do investidor;
3. receber rendimentos dos FIIs mensalmente;

4. ter rendimentos isentos de Imposto de Renda, exceto no momento de venda das cotas, desde que haja lucro;

5. as cotas dos fundos imobiliários podem ser vendidas a qualquer momento, desde que tenha liquidez no mercado, diferentemente de um imóvel que é mais difícil se desfazer quando for necessário.

Uma das desvantagens dos fundos imobiliários é a necessidade de pagamento das taxas de administração do FII. Apesar disso, são percentuais baixíssimos quando comparados com outros tipos de fundos do mercado financeiro.

Qual o valor mínimo para investir em FIIs

Uma das dúvidas mais comuns dos investidores quando começam a aplicar em fundos imobiliários é qual seria o valor ideal de investimento. Embora não haja uma resposta certa para isso, é importante que se saiba quanto é preciso para começar.

Os **FIIs** são uma alternativa de investir em ativos imobiliários sem precisar utilizar grandes recursos para isso, ao contrário do que acontece quando se adquire um imóvel físico, por exemplo. Mas qual valor é preciso para começar a investir em fundos imobiliários?

O investimento em fundos imobiliários pode ser iniciado com menos de R$ 100, valor muito inferior ao que seria utilizado na compra de imóveis, pois você pode comprar uma única cota desse fundo, mas a negociação unitária é sempre com menor volume e liquidez, então aconselhamos sempre a começar com 1 lote de 100 cotas, que, dependendo do fundo, vai girar em torno de 1.000 a 10.000 reais, ou seja, a partir de mil reais seria o mínimo para iniciar seus investimentos.

Apesar dessa faixa mínima de valor, o investidor precisa encontrar o seu valor inicial de investimento, já que isso vai depender de uma série de fatores, como o salário, ausência de dívidas e o conhecimento para investir em FIIs.

O mesmo recurso usado para comprar imóveis pode ser utilizado para adquirir diversos **FIIs**, em diferentes setores e tipos de fundos imobiliários de maneira diversificada, diluindo os riscos do investimento.

Começar a investir em FIIs pode ser um pouco complicado logo de início, em meio ao crescimento desse mercado, pois há diversas possibilidades diferentes e saber quais são as melhores opções não é uma tarefa simples — é necessário conhecimento e uma boa assessoria.

De qualquer forma, escolher bons fundos imobiliários para investir pode fazer com que os investidores construam uma renda passiva com o recebimento de rendimentos mensais em muitos dos casos, podendo obter valorização em suas cotas.

Apesar das vantagens que os **FIIs** podem ter em relação aos imóveis, isso depende dos objetivos de cada investidor. Como qualquer ativo de renda variável, jamais se deve investir em ativos sem conhecê-los.

Como comprar fundos imobiliários

Primeiramente, você deve ser correntista de algum banco, ou ter uma conta em alguma corretora. Após isso, basta solicitar a seu gerente do banco ou assessor de investimentos da corretora para fazer a compra — ou, se for você mesmo, compre por meio do *home broker*, simples assim.

É possível comprar fundos imobiliários de maneira fracionada, porém, como já falei antes, a liquidez e volume de negociação são menores, por isso sempre indico começar sua compra em lotes tradicionais de 100 cotas.

FIIs dividendos: confira os melhores pagadores em 2022

Descubra quais fundos imobiliários (FIIs) pagaram os maiores dividendos até junho do ano de 2022. Para deixar o conteúdo mais próximo de quem investe, decidi montar duas tabelas: uma com os fundos que fazem parte do iFix e outra com os FIIs no geral, visto que alguns são destinados apenas ao investidor qualificado ou com prazo determinado para encerramento.

Top 10 FIIs dividendos (iFix)

Primeiramente, veja a seguir o ranking de DY dos fundos imobiliários que compõem o iFix. O período escolhido foi de 01/07/2021 a 30/06/2022, sendo levado em consideração o valor do *dividend yield* (DY). A maior parte do top 10 é composto por fundos de recebíveis imobiliários.

Tabela 4 – Top 10 dividendos FIIs que compõem o iFix

TICKER	PREÇO (R$)	RENDIMENTO 12M (R$)	DY 12M (%)
URPR11	112,00	21.73	19.41%
SPTW11	42,95	08.01	18.65%

TICKER	PREÇO (R$)	RENDIMENTO 12M (R$)	DY 12M (%)
VGHF11	10,02	1.71	17.07%
HABT11	101,90	17.25	16.93%
HCTR11	113,55	19.02	16.75%
ARRI11	97,00	15.93	16.42%
VSLH11	9,14	1.49	16.26%
VGIP11	98,39	15.94	16.20%
ARCT11	106.99	17.32	16.19%
DEVA11	99,51	16.06	16.14%

Fonte: adaptado de Gorila (2022)

O primeiro colocado na lista, Urca Prime Renda (URPR11), ao longo do último ano, pagou aos seus cotistas um *dividend yield* (DY) de 19,41%, totalizando R$ 21,73 em rendimentos. Na sequência, o ranking é composto por SP Downtown (SPTW11) e Valora Hedge (VGHF11) com, respectivamente, 18,65% e 17,07% de DY.

No ranking, é possível notar que as primeiras colocações seguem sendo influenciadas pelo alto índice de inflação que o Brasil vem passando atualmente. Em 2022, o IPCA acumula alta de 4,78% e, nos últimos 12 meses, de 11,73%. Isso beneficia os fundos do segmento de recebíveis imobiliários que possuem dívidas de renda fixa em seu portfólio atreladas ao IPCA.

Top 10 FIIs (geral)

Agora, considerando todos os fundos imobiliários listados na bolsa, vamos conhecer quais tiveram os maiores ganhos de *dividend yield*, entre 01/07/2021 e 30/06/2022.

Tabela 5 – Top 10 dividendos FIIs no geral

TICKER	PREÇO (R$)	RENDIMENTO 12M (R$)	DY 12M (%)
TOUR12	1,39	105.28	7573.81%
TOUR11	8,80	121.85	1384.64%
LATR11	16,00	18.33	114.55%
RBDS11	3,21	2.35	73.34%
JPPC11	140,01	81.41	58.15%

TICKER	PREÇO (R$)	RENDIMENTO 12M (R$)	DY 12M (%)
TOUR13	151,00	78.44	51.94%
PEMA11	44,01	19.49	44.28%
THRA11	138,50	45.08	32.55%
TORM13	142,00	35.40	24.93%
DMAC11	13,00	2.96	22.77%
MBRF11	515,22	105.70	20.52%

Fonte: adaptado de Gorila (2022)

O pódio é composto por Tourmalet Ii (TOUR12 e TOUR11), Lateres (LATR11) e RB Capital Desenvolvimento Residencial II (RBDS11). Os fundos apresentam um DY impressionante de 7.573,81%, 1.384,64%, 114,55% e 73,34%, respectivamente. Entretanto, o investidor não deve olhar exclusivamente os indicadores de retorno. É preciso analisar os fundos e a composição de seu portfólio.

Podemos destacar que o fato em comum que contribuiu para o "falso" alto DY desses fundos é que eles entregaram amortização aos seus cotistas e não rendimentos provenientes de aluguéis ou qualquer outra fonte de renda que gerasse lucro ao fundo.

A amortização nada mais é do que a devolução de capital do fundo. Assim, quando o fundo entrega amortização ao investidor, há também uma redução do valor patrimonial do fundo, uma vez que parte desse valor está sendo "devolvido" ao cotista.

Quais fatores para um *dividend yield* alto

Primeiramente, vale entender como chegamos ao valor do *dividend yield*. Esse indicador equivale à relação entre os últimos 12 rendimentos mensais do FII e o preço que o ativo está sendo negociado no mercado.

Esta é a fórmula: DY = (Rendimentos 12 meses/preço do ativo) x 100.

O que é *dividend yield* e qual a sua importância?

É possível encontrar um fundo imobiliário com um DY alto porque o preço se desvalorizou. Entretanto, é preciso ter em mente que a capacidade de geração de renda é o que faz com que o fundo traga bons retornos mensais ao cotista e de maneira regular.

Cada segmento tem suas particularidades. Fundos de tijolos precisam de bons imóveis, em boas localizações e com bons contratos. Fundos de papel, por exemplo, historicamente trazem um retorno mensal maior porque entregam a inflação do índice que estiver indexado (CDI, IPCA ou IGPM) mês a mês nos rendimentos.

Lembre-se, não existe almoço grátis no mercado, quanto maior o retorno, maior o risco que aquele ativo carrega, por isso é bom procurar estudar bem o ativo para entender se a estratégia do fundo é igual à sua.

Quando receber dividendos dos FIIs?

Ao investir em fundos de investimento imobiliários, o investidor tem o direito de receber o rendimento, popularmente conhecido como dividendos. Por lei, os FIIs são obrigados a distribuírem 95% do lucro líquido do semestre aos cotistas. Entretanto, muitos fundos acabam entregando os rendimentos mensalmente, visto que, se o fundo não gerar receita, dificilmente vai ter lucro e, consequentemente, não terá o que repassar aos cotistas.

Melhores setores de FII em 2022

Conforme mencionamos acima, com a inflação alta e o ciclo de elevações da taxa Selic, os fundos imobiliários passam por dois paralelos distintos. Fazendo uma análise macroeconômica do Brasil, chegamos à conclusão de que os principais setores em que o investidor deve ficar de olho para investir em FIIs no ano de 2022 são:

- De um lado, os FIIs de recebíveis que se beneficiam com a alta dos juros e acabam por entregar de forma imediata a inflação aos seus cotistas;
- Do outro lado, os fundos de tijolos (que possuem imóveis físicos em seu portfólio) e os fundos de fundos (que investem em cotas de outros fundos imobiliários) sofrem muito com a elevação dos juros e migração de dinheiro da renda variável para a renda fixa, oferecendo oportunidades para quem gosta de comprar bons fundos com ótimos imóveis a preços baixíssimos.

Então qual dos dois cenários pode ser mais interessante para o investidor?

Esses dois últimos segmentos devem estar no radar dos investidores no momento, porque, com a inflação arrefecendo e a taxa Selic voltando a cair no ano de 2023, serão esses setores de fundos imobiliários que serão beneficiados, uma vez que seus preços estão completamente pressionados pelo momento econômico e monetário atual.

Destaca-se ainda que os fundos de recebíveis deverão entregar retornos altos no ano de 2022, mas sofrerão redução dos rendimentos mensais assim que a inflação baixar seu patamar e, futuramente, a Selic. Então, para o restante desse ano, esses fundos serão uma boa opção de investimento, agora se pensa no longo prazo, a segunda opção é mais vantajosa.

Importância dos fundos imobiliários na carteira

Um bom investidor deve sempre diversificar seus investimentos, respeitando o nível de risco e o tempo disposto para deixar o dinheiro aplicado. Para o acúmulo de patrimônio e geração de renda passiva, os FIIs são uma alternativa interessante, visto que todos os meses você terá um dinheiro caindo na sua conta livre de imposto de renda (pelo menos por enquanto). Dessa forma, os FIIs são essenciais para uma carteira previdenciária focada no longo prazo.

Por outro lado, essa classe de ativos não tem um grande potencial de valorização e, consequentemente, ganho de capital. Portanto, os fundos imobiliários não são a melhor opção para o investidor que busca apenas ver a valorização das suas cotas, mas sim para os investidores que desejam uma renda mensal.

Fundos imobiliários x ações: o que rende mais? Qual é melhor ter em sua carteira?

É muito comum haver comparações de diferentes ativos da renda variável, principalmente com ações. Nesse caso, muitos se perguntam se o melhor é ter fundos imobiliários ou ações em sua carteira.

A resposta para isso é que não é preciso escolher entre eles. As ações e os FIIs são ativos completamente diferentes, com objetivos distintos e podem ser investidos por diversos perfis de investidor.

Nesse caso, o ideal é sempre ter a ideia de diversificação, já que nada impede de se ter uma carteira de investimentos composta tanto por ações quanto por FIIs. O percentual do patrimônio que vai ser alocado em cada um deles é que vai depender do perfil do investidor e de sua estratégia.

Apesar de ser possível investir em **fundos imobiliários** e outros ativos de renda variável simultaneamente, é essencial que o investidor conheça aquilo em que está investindo. Como diria Peter Lynch, um dos maiores investidores de ações de todos os tempos: "Invista no que você conhece".

Saber qual o valor necessário para começar a investir em fundos imobiliários é fundamental para todo investidor. Jamais se deve aportar em ativos de risco aquilo que pode fazer falta no curto prazo. Caso o montante poupado para investir seja grande, não é interessante colocar todo dinheiro de uma vez em um único FII.

Investidores de perfil moderado e arrojado já conhecem bem as opções de renda variável (e costumam apostar nelas). Essa modalidade de investimentos costuma ser bastante procurada para quem busca uma maior rentabilidade nos seus aportes, mas também há aqueles com objetivo de gerar renda por meio dos dividendos.

Uma das opções que se tornou mais popular nos últimos anos entre pessoas físicas foram os fundos imobiliários (FIIs). Com variações menores de valor e a oportunidade de recebimento de dividendos frequentes, os investidores que buscam renda extra se aproximaram dessa opção.

Dado o comportamento dos FIIs, uma crença equivocada é a de que, por causa da liquidez e da emissão de dividendos frequentes, a valorização dos ativos imobiliários é, necessariamente, inferior à de ações.

Ações realmente rendem mais que FIIs?

"As pessoas e os negócios passam, mas os imóveis ficam", isso é um velho ditado conhecido no mercado imobiliário, a partir do qual se entende que os imóveis são um dos investimentos mais certeiros para o desenvolvimento de valor no longo prazo, valorizando mais até que a bolsa.

Para defender essa tese, foi feita uma pesquisa, que está descrita integralmente no e-book Lucre com Imóveis de Ricardo Reis, que foi realizada nos 16 países mais desenvolvidos do mundo para avaliar o comportamento desses dois mercados. A pesquisa teve como objetivo analisar a valorização de ativos imobiliários e de ativos da bolsa durante o período de 145 anos.

Os resultados foram surpreendentes. Apesar de os números não serem iguais em todos os países, foi observado que os imóveis tiveram uma valorização média de 7,05% ao ano. Enquanto isso, no mesmo período, a bolsa atingiu uma valorização média anual de 6,89%, demonstrando um crescimento menor do que o apresentado pelo cenário imobiliário.

Para entender se o cenário brasileiro replica o mesmo comportamento, essa pesquisa foi feita também, no mesmo período, nos países do BRICS (Brasil, Rússia, Índia, China e África do Sul), e demonstrou um cenário ainda mais discrepante: com valorização de 8,26% nos imóveis, comparados aos 7,17% da bolsa.

Após a pesquisa, concluiu-se que, com valorização acima da média das ações, os fundos imobiliários se mostram uma oportunidade mais rentável de investimentos no longo prazo. Se analisarmos os ativos considerados parte do PIB, imóveis são o maior representativo de patrimônio das pessoas. Isso reforça a visão de que o mercado imobiliário sempre será valorizado.

Conclusão

Você já tem todas as informações sobre o funcionamento dos fundos imobiliários. Agora, é só partir para a prática! Para isso, siga esse roteiro com passos essenciais:

- Reflita sobre seu perfil e seus objetivos de investimento, entendendo se os fundos imobiliários são um investimento adequado para o seu caso;
- procure corretoras de valores de confiança e que têm um bom serviço de assessoria, pois você precisará ter uma conta para comprar e vender cotas de fundos listadas na bolsa de valores;
- esteja ciente da taxa de corretagem e outros custos que forem cobrados pela corretora escolhida. Elas incidem na negociação de fundos imobiliários, assim como na de ações;
- identifique as carteiras disponíveis no pregão e a liquidez (volume de negociação) das que parecerem as mais interessantes;
- estude a política de investimento do fundo, a partir de documentos como prospectos, regulamentos e boletins mensais. Eles ficam disponíveis no site da bolsa, e também em sites especializados, como o *Infomoney*, por exemplo;
- fique atento ao histórico de distribuição de rendimentos pelo fundo e também de sua volatilidade na bolsa. Tente identificar como ele e o seu gestor se comportam e se saem em momentos de estresse no mercado;

- entenda qual é o nível de risco do fundo, pensando tanto na volatilidade das cotas na bolsa como também no risco dos segmentos de imóveis que o fundo possui (comercial, corporativo, hospitais, shoppings etc.);
- lembre-se de que o rendimento periódico distribuído pelo fundo é isento de Imposto de Renda, mas o eventual ganho de capital com a variação das cotas não é.

Com todas essas DICAS, espero que você consiga fazer bons investimentos, e gerar uma renda acima das principais opções que temos no mercado de renda fixa, como a poupança, por exemplo, que hoje tem um rendimento máximo de 0,5% a. m.

É possível viver de renda aplicando em fundos imobiliários, em vez de imóveis físicos, e com algumas vantagens, como não ter despesas com IPTU, reformas, atrasos ou inadimplência, fora as contas de luz, água, condomínio etc. que o inquilino pode vir a deixar no imóvel e sem contar os meses que podem ficar sem alugar e afetar sua renda.

Desde que os brasileiros perceberam isso, o volume de novas carteiras emitidas cresce sem parar. Os **fundos imobiliários** se tornaram um investimento da moda, vistos como uma maneira mais simples e barata de aplicar no setor.

Mas como todo ativo de renda variável, é preciso sempre estar fazendo uma análise tanto gráfica como fundamentalista do fundo do qual sequeira comprar cotas, para não perder dinheiro. Se quiser aprofundar mais nessas análises, tenho um e-book *Aprenda a investir na bolsa de valores* que explica bem detalhadamente essas análises, que são essenciais ao seu domínio para se ter sucesso nos investimentos.

Com a alta da Selic, os investimentos de renda fixa têm que ser observados de perto, porém, para se ter um bom retorno, eles podem deixar o investidor sem liquidez por um, dois ou três anos, por exemplo. Devemos lembrar que a economia é cíclica, ou seja, tem fases de alta e baixas da Selic, inclusive a expectativa do mercado é que ela caia a partir do ano que vem, com isso os FIIs ainda são uma boa escolha de investimento.

Montar uma boa carteira diversificada de ações que pagam "dividendos" com cotas de "fundo imobiliário" é uma forma muito interessante de gerar uma renda mensal, visto que, se fizer o reinvestimento dos dividendos, você vai gerar ainda mais lucro no longo prazo.

VIVENDO DE RENDA COM IMÓVEIS

Investimento imobiliário é uma das principais estratégias para construir um patrimônio seguro e lucrativo, combinando estabilidade com altos retornos. Ainda que o cenário agora esteja claramente propício para o investimento, os resultados seguem positivos nas mais diversas condições econômicas que o país possa enfrentar — mesmo diante de crises, as pessoas continuam precisando de casa para morar ou um imóvel para abrir um novo negócio.

Além disso, esse tipo de investimento está imune à quebra de bancos e de medidas extremas que possam ser tomadas pelos governos, como já ocorreu com o congelamento das poupanças.

Mais do que segurança, a rentabilidade desse investimento também é atrativa. Sem impactos de oscilações econômicas — provocadas pelos mais diversos motivos na bolsa de valores —, a estabilidade da renda é apontada como vantagem diante de outras modalidades de investimento.

Portanto, comprar imóveis pode ser uma ótima opção para quem quer gerar uma renda passiva todo mês — um dinheiro extra na conta sem precisar trabalhar de forma ativa para isso.

Por outro lado, é preciso planejamento e dedicação para poupar e acumular dinheiro até alcançar o valor de um imóvel. Se você já possui um imóvel próprio para morar, comprar uma casa ou apartamento extra pode ser uma forma de garantir um investimento sólido a longo prazo para complementar a aposentadoria.

Isso ocorre porque os imóveis tendem a se valorizar ao longo do tempo e dificilmente têm seu preço corroído pela inflação. Além disso, eles podem ser explorados economicamente para gerar renda a seus proprietários, que têm a possibilidade de alugá-los, recebendo todo mês enquanto veem o patrimônio aumentar.

Tradicionalmente, os imóveis são um investimento seguro, indicado para pessoas que estão construindo seu patrimônio e não querem correr grandes riscos relacionados à rentabilização do dinheiro. Mesmo durante crises econômicas, o preço dos imóveis costuma ser pouco afetado, ao contrário de ativos de renda variável, como ações, câmbio ou ouro, que podem apresentar grandes quedas.

Ao escolher investir em um imóvel para alugar, é importante ficar atento a alguns fatores. Um deles é uma boa localização: bairros com maior procura costumam ter residências e comércio, fácil acesso a meios de transporte e às principais vias de trânsito, além de boa infraestrutura, como parques e praças, ciclovias e instalações modernas. Isso torna muito mais fácil fechar um contrato de aluguel, por exemplo. Outro ponto é o tamanho dos imóveis. Em São Paulo e no Rio de Janeiro, os imóveis com menos dormitórios costumam ser alugados mais rapidamente.

O ponto mais importante a se fazer é a conta sobre o retorno do investimento, ou seja, trabalhe com um lucro líquido acima da inflação, senão o investimento às vezes não compensa — a menos que a localização do imóvel esteja com uma boa expectativa de valorização acima da média.

E como saber qual será seu retorno sobre o investimento imobiliário?

Para calcular a *taxa de retorno* (ou *rental yield*, no termo em inglês), o valor que você poderá lucrar, comece colocando no papel todo o montante que precisará investir: o preço do imóvel, impostos, taxas de cartório, eventuais reformas e melhorias necessárias. A soma desses valores é chamada de "capital inicial"; a partir dele, dois cálculos principais ajudarão a entender qual será o retorno: o do aluguel e o da revenda.

Para saber quanto vai render seu investimento em um imóvel para alugar, basta dividir o valor do aluguel pelo "capital inicial": o resultado será seu rendimento mensal. Por exemplo: digamos que o valor do aluguel seja R$ 2.500 e seu capital inicial, R$ 550.000 (o valor do imóvel mais os custos extras). Nesse caso, o rendimento mensal será de 0,45%. Ao longo de um ano, o rendimento será de cerca de 5,5%.

Saber esses percentuais é importante para que você possa comparar com o rendimento de outros investimentos e ter certeza de que está fazendo um bom negócio. Nessa conta, é importante também considerar os impostos a serem pagos e também a valorização do imóvel, já que dificilmente ele ficará "travado" nos R$ 550 mil.

OPÇÕES DE INVESTIMENTOS PARA RETORNO PASSIVO COM ALUGUÉIS

Residenciais

1. **APARTAMENTO STUDIO** – é um tipo de imóvel que está em alta, uma vez que existe uma grande procura por imóveis com estilo compacto — seja por estudantes, seja por trabalhadores jovens, solteiros, casais novos, dentre outros. E tem um retorno

bom, devido ao valor de investimento baixo comparado ao retorno com aluguel;

2. **IMÓVEIS EM LOCAL TURÍSTICO** – também são boas maneiras de alcançar lucro. Além de aproveitar um momento de férias quando desejar, é possível ter uma renda passiva com a locação sazonal;

3. **CASAS E SOBRADOS** – é um tipo de imóvel para aluguel que pode apresentar diversas variações em sua arquitetura, quantidade de cômodos e acabamento. Elas podem ser germinadas, estarem dentro de condomínios fechados ou serem construídas em terrenos individuais. Uma das principais vantagens em escolher uma casa como moradia é a possibilidade de ter mais privacidade e não precisar lidar diretamente com os vizinhos. Além disso, de modo geral, casas são mais espaçosas — o que é ótimo para quem tem família grande ou animais de estimação, por exemplo;

4. **O APARTAMENTO PADRÃO** – é um dos tipos de imóveis para aluguel mais comum, principalmente nas grandes cidades. Essa opção se trata de uma unidade de habitação que faz parte de um prédio onde vivem várias famílias. Eles podem ser classificados também em duplex ou triplex e apresentarem, respectivamente, dois ou três andares em sua área interna.

A segurança é uma característica interessante dos apartamentos. Isso porque a maioria dos condomínios realiza investimentos nessa área e, por isso, muitos prédios contam com portaria 24 horas, câmeras de segurança, entre outros recursos.

Além disso, morar em apartamento torna a manutenção e limpeza da residência mais fácil e rápida. A área externa, o jardim e a garagem, por exemplo, não precisam ser cuidados pelos moradores, visto que, geralmente, são contratados funcionários para fazer esse trabalho.

Se essa for a sua escolha, é importante que fique atento à qualidade dos imóveis. Em Florianópolis, o centro e o bairro Beira Mar são bons exemplos de regiões que oferecem uma grande oferta de bons apartamentos. Além de terem ótima infraestrutura e qualidade no acabamento, a localização também é um ponto forte. Vale a pena procurar uma imobiliária de confiança e agendar visitas;

5. **KITNETS** – as kitnets são apartamentos pequenos que têm como principal característica a quantidade de cômodos: apenas dois. Além do banheiro, é composta por uma área principal, que cumpre a função de cozinha, quarto e sala. Elas são ideais para quem mora sozinho e não precisa de muito espaço para viver bem!

Em Floripa, as kitnets são muito procuradas por estudantes, por isso, existe uma boa oferta desse tipo de imóvel para aluguel perto da Udesc (Universidade do Estado de Santa Catarina) e da UFSC (Universidade Federal de Santa Catarina);

6. **FLATS** – flats são apartamentos que disponibilizam a prestação de alguns serviços similares aos de um hotel, como serviço de quarto, limpeza e alimentação, porém com taxas bem menores. Por conta dessa comodidade, morar em um flat pode ser uma boa opção para quem quer ter uma rotina agitada;

7. **LOFT** – são unidades sem divisórias (verticais ou horizontais) entre os cômodos, e têm inspiração em armazéns e galpões americanos dos anos 70. Ele é inconfundível, já que traz referências diretas a galpões, depósitos e outros imóveis comerciais que passaram por uma reforma para se tornarem residenciais — além de sua área, que é maior que 50 m².

Outro detalhe que chama a atenção é o fato de que as instalações elétricas e hidráulicas dos **lofts** costumam ser aparentes, assim como nas decorações de estilo industrial. O pé-direito duplo, geralmente maior de 5 metros, também permite a construção de um mezanino para obter mais área útil;

8. **EDÍCULA / BARRACÃO** – refere-se a casas pequenas localizadas no fundo de um terreno. Geralmente possuem apenas um dormitório, sala, banheiro e cozinha. Podem também contar com uma garagem e área externa de serviço.

Imóveis comerciais

Essa categoria de imóveis diz respeito a todo e qualquer imóvel que tenha fins comerciais, basicamente. A diferença para um imóvel residencial é justamente a finalidade: um é para residir e o outro para comercializar um determinado tipo de produto ou serviço.

Os imóveis comerciais podem ser divididos em algumas categorias com diferentes funções.

Salas comerciais

Esse tipo de imóvel comercial é muito utilizado por profissionais autônomos, como médicos, advogados e dentistas. Ainda, empresas que têm uma equipe pequena também utilizam esses espaços com frequência.

Geralmente as salas comerciais são encontradas dentro de prédios, que também são comerciais. Por isso, é comum que, em um mesmo prédio, existam vários setores e profissionais com diferentes funções.

Laje/prédio comercial

Também conhecido como andar corrido, essa modalidade de imóvel comercial é muita utilizada por grandes empresas. Geralmente, a empresa detém o andar inteiramente e em alguns casos parcialmente, apenas para desenvolver suas atividades.

Muitas vezes as lajes corporativas são acordadas antes mesmo da construção do prédio. Assim, uma determinada empresa aluga o andar e, quando o prédio estiver pronto, passa a utilizá-lo. Isso é muito comum no mercado imobiliário e é chamado de *built to suit*, ou seja, quando um imóvel é construído de acordo com os interesses de quem vai alugá-lo.

Lojas/galerias

Esse é o tipo mais comum de imóveis comerciais, pois estão presentes praticamente em todos os lugares como ruas, avenidas, galerias e shoppings. As lojas são a opção preferida para empresários que querem vender seus produtos e serviços.

É nesse tipo de imóvel que existe a maior concentração de consumidores e clientes, pois é nas lojas que estão estoques e produtos.

Depósitos/armazéns

Grandes estruturas voltadas a armazenar um determinado tipo de produto, esses empreendimentos são muito comuns para empresas que trabalham com um grande volume de mercadorias. Geralmente os depósitos ficam à beira de estradas para facilitar a logística do transporte de grandes volumes de carga.

Embora a pandemia de COVID-19 tenha afetado a forma como as pessoas trabalham, migrando para o *home office*, não são todos os imóveis comerciais que passaram por essa mudança. Como vimos, existem vários tipos desses imóveis, portanto, existem várias formas de se trabalhar.

Galpões

Os galpões são utilizados para proteger os produtos ou mercadorias contra o clima, contra a luz solar direta, manutenção, reparação, montagem e simplesmente armazenamento de diferentes itens. Os galpões podem ser usados também como fábricas ou armazéns de porte pequeno.

Cada um desses imóveis comerciais é direcionado para um público diferente. Dessa forma, o corretor deve sempre estar atento às características de cada um para apresentar ofertas personalizadas para seus clientes e otimizar o processo de venda e/ou aluguel de imóveis.

Casas

O aluguel de casas para fins comerciais também é muito comum e geralmente essas casas ficam localizadas em pontos estratégicos da cidade.

Espaço para eventos

Outra boa opção de investimentos em imóveis comerciais, são espaços para eventos, visto que podem ser grandes galpões ou pequenas áreas com churrasqueira, piscina e área verde.

Porém, hoje, no mercado, é um dos melhores retornos financeiros em aluguéis que se tem, visto que demanda mais trabalho com locação, limpeza e manutenção.

Vantagens de se investir em imóveis comerciais

Como todo tipo de empreendimento, existem vantagens e desvantagens de se investir. Dessa forma, nós iremos te mostrar quais são as principais vantagens.

1. Tempo de contrato

Imóveis comerciais tendem a oferecer contratos de 5 anos ou mais com seus locatários. Essa característica é uma vantagem, porque garante uma estabilidade financeira por um longo período de tempo. Ainda, é muito mais vantajoso do que se investir em um imóvel residencial, em que a duração do contrato é de 1 a 2 anos.

Se o tipo de imóvel comercial estabelecer um ponto fixo naquele local, tornando-se uma referência, provavelmente ele continuará lá e renovará o contrato.

2. Custo de manutenção

Você pode pensar em um primeiro momento que um imóvel comercial tem um custo de manutenção por se tratar de ambientes grandes e corporativos, entretanto, não é bem assim.

Geralmente, os inquilinos de imóveis comerciais prezam pela ordem do local, justamente porque lidam diretamente com clientes interessados em seus produtos e serviços. Assim, reduzem-se custos de manutenção e futuras dores de cabeça.

3. Demanda

É comum que um imóvel comercial vá se valorizando ao longo do tempo, ainda mais se a localização se tornar um importante ponto comercial. Aliada a isso, a constante criação de empresas e empreendimentos faz com que esses imóveis sempre sejam requisitados.

4. Processo rápido

A negociação na hora de vender ou alugar um imóvel comercial é de uma maneira geral, bem rápida e fácil. Isso porque as empresas têm certa urgência em encontrar espaços físicos para alocar seus empregados — além do fato de que as empresas têm recursos e agilizam o processo de negociação.

O que avaliar antes de investir em imóveis comerciais

Vamos falar sobre o que você precisa avaliar antes de investir nesses tipos de imóveis;

Localização

É muito importante que você avalie a localização em que o imóvel se encontra, ainda mais por se tratar de um imóvel comercial. O local deve ser acessível para um grande volume de pessoas, por isso a localização deve ser levada em consideração.

Dependendo do potencial da localização, pode ser que o crescimento do negócio que se instalar por ali seja favorável.

Tamanho do imóvel

Outro fator importante é o tamanho do imóvel comercial em que você vai investir. Dependendo do produto ou tipo de serviço que o imóvel vai prestar ou vender, a quantidade de espaço deve ser relevante, ainda mais se um negócio tem tendência de crescimento. Por isso, sempre analise essa variável.

Documentação

Sempre avalie se o imóvel se encontra regularizado por meio da documentação que lhe é apresentada. Confira documentos como o Habite-se e veja se não há nada errado com a planta do imóvel. Rigidez com documentação nunca é demais.

Posso financiar um imóvel comercial?

Sim, assim como qualquer outro imóvel, os imóveis comerciais podem ser financiados. O financiamento imobiliário alcançou uma alta histórica em 2020, ao registrar um crescimento de 58% ao longo do ano em comparação ao mesmo período de 2019. Esses dados são de um estudo da Abecip (Associação Brasileira das Entidades de Crédito Imobiliário). A queda da taxa básica de juros, ou Selic (Sistema Especial de Liquidação e de Custódia), em 2% ao ano foi fundamental para que houvesse esse record.

Um financiamento imobiliário se caracteriza quando alguém faz um empréstimo de dinheiro de uma instituição financeira e depois quita mensalmente as parcelas. Existem alguns tipos de financiamento. Vamos ver qual é a melhor opção.

SHS (Sistema Financeiro de Habitação)

Essa modalidade de financiamento imobiliário é a mais comum entre os brasileiros, pois disponibiliza recursos para compra, reforma e construção de imóveis.

O valor do financiamento deve corresponder até 80% do valor do imóvel, sendo que esse deve valer no máximo R$1,5 milhão. Ainda, o comprador deve comprovar que as parcelas mensais não ultrapassam 30% de sua renda bruta.

O comprador ainda pode pagar o empréstimo imobiliário com seu FGTS. O governo federal é o responsável por limitar a taxa de juros anual dos financiamentos.

SFI (Sistema Financeiro Imobiliário)

Esse tipo de financiamento é só para a parcela da população que vai negociar imóveis com o valor superior a R$1,5 milhão. Esse empréstimo também pode cobrir o valor de até 90% de uma casa ou apartamento.

A avaliação de crédito nessa modalidade é menos criteriosa do que em outras e tem a flexibilidade de permitir que as parcelas a serem pagas sejam maiores.

Rentabilidade de imóveis comerciais

Rentabilidade é o que a maioria dos investidores busca ao investir em um imóvel. Para fazer essa conta, é necessário dividir o valor do aluguel pelo valor do imóvel. Por exemplo: se o valor de um aluguel é R$ 1.000 e o valor do imóvel é R$ 150.000, a rentabilidade desse investimento é de 0,67%.

Os imóveis comerciais são os mais procurados por investidores no mercado imobiliário, por terem uma rentabilidade maior comparado aos imóveis residenciais, e, na maioria das vezes, dão menos trabalho e exigem menos manutenção.

A rentabilidade de imóveis comerciais geralmente varia entre 0,5 a 0,8% mensal. Existem casos em que a taxa pode atingir 1%.

Não necessariamente o imóvel precisa estar alugado para você conseguir calcular a rentabilidade. Muitas construtoras já vendem os imóveis prevendo um valor futuro de locação. Dessa forma é possível calcular a rentabilidade tanto com o valor real do aluguel quanto com um valor pretendido.

Além da rentabilidade do aluguel, o imóvel também acaba se valorizando com o passar do tempo e essa valorização deve ser levada em consideração na hora de escolher o investimento. A combinação de rentabilidade com aluguel + valorização é o que faz do investimento um excelente e seguro negócio.

O investidor que busca um imóvel para locação precisa fazer contas de custos, manutenção e retorno, comparando esse retorno com o retorno que esse investimento teria em um ativo financeiro.

É necessário primeiramente avaliar o imóvel para locação e ver se há demanda para aquele tipo de imóvel na região. É preciso levar em consideração e ser previsto no planejamento do investidor também se o imóvel pode ficar desocupado.

O investidor tem que buscar por imóveis com a melhor taxa de retorno e geralmente os bairros melhores são os de fácil acesso (acesso rápido para as principais avenidas, aeroporto, centros comerciais e financeiros, próximo ao metrô etc.).

Estatísticas mostram que as salas comerciais com cerca de 30 metros quadrados são locadas muito rapidamente. Entretanto, encontrar o imóvel certo não é uma tarefa fácil. É necessário entender o perfil de cliente, bem como suas preferências e possibilidades.

A boa notícia é que, com a variada gama de clientes, existe também uma diversidade considerável de tipos de imóveis.

IMÓVEIS RURAIS

O que é um imóvel rural?

Conforme a lei 8.629/1993, que dispõe sobre a regulamentação dos itens constitucionais referentes à reforma agrária, um **imóvel rural** pode ser definido como: *"Um prédio rústico de área contínua, independentemente de qual seja a sua localização, que se reserve à exploração pecuária, agrícola, extrativa florestal, vegetal ou agroindustrial"* (BRASIL, 1993).

Vale ressaltar que o **imóvel rural**, como explica o parágrafo acima, não precisa ser localizado, necessariamente, em um ambiente rural. Pode ser localizado tanto em uma zona rural, como em uma zona urbana.

Já com relação ao termo contínuo, ele significa que as áreas devem ser confrontantes da mesma pessoa, seja ela física ou jurídica. Além disso, um **imóvel rural** pode:

- Ser propriedade e/ou posse;
- ter diversos documentos, como matrícula, registro, escritura ou qualquer outra documentação;

- existir interrupções físicas como rios, estradas e córregos;
- estar em um ou mais municípios dos estados.

Classificações de um imóvel rural

O **imóvel rural** pode ser classificado em quatro tipos. A seguir você confere mais detalhes sobre essa classificação.

1. Pequena propriedade

Esse tipo de **imóvel rural** possui uma área de até 4 módulos fiscais, sendo respeitada a fração mínima de parcelamento. Vale ressaltar ainda que o módulo fiscal é uma unidade de medida agrária que foi adotada aqui no Brasil desde o ano de 1979.

O módulo fiscal é a área mínima que uma propriedade necessita para realizar uma exploração que seja viável economicamente. O padrão é definido de acordo com o município, mas em média há uma variação de cinco a 100 hectares.

2. Média propriedade

Esse tipo de **imóvel rural** possui uma área superior a quatro e até quinze módulos fiscais.

3. Propriedade familiar

Esse é um tipo de **imóvel rural** que é diretamente explorado pelo agricultor e sua família. É desse imóvel que o agricultor se sustenta, garantindo sua subsistência e o progresso econômico e social.

A área máxima desse tipo de imóvel é definida por cada região, assim como também o tipo de exploração. Além disso, a exploração pode ser realizada com a ajuda de terceiros.

4. Latifúndio

Esse tipo de imóvel rural supera 600 vezes a área média de imóveis rurais em sua respectiva zona, na dimensão de sua área agricultável.

Tipos populares de um imóvel rural

Além das classificações técnicas que elencamos acima, também há as classificações populares de um **imóvel rural**. A seguir você confere mais informações.

Chácara

Normalmente, a chácara é um **imóvel rural** pequeno que fica localizado mais perto da cidade. Esse tipo de imóvel pode ser destinado ao lazer da família, como também para aluguel, visto que basta ter um espaço com piscina área de churrasco e área verde que se consegue um bom retorno com locação.

Rancho

Esse é um tipo de imóvel bem parecido com o citado anteriormente. O que o diferencia da chácara é o fato de ele ficar localizado mais longe da cidade, perto de lagos ou rios. Também se consegue lucrar com locação, porém a demanda é um pouco menor que a da chácara.

Sítio

Esse tipo de imóvel é considerado uma propriedade maior do que as anteriores. Em sítio as atividades costumam ser mais intensas, com o intuito de lucrar e tirar o sustento próprio.

Para se ganhar dinheiro com esse tipo de imóvel, geralmente se faz a locação da propriedade como um todo.

Fazenda

Esse é considerado o maior imóvel, normalmente reservada para a produção agropecuária. Além disso, pode ser dirigida por famílias, empresas ou somente pessoas sem nada incomum.

Também é uma boa opção de investimento para aluguel (arrendamento), ainda mais se a terra for cultivável, ou seja, propícia para agricultara. Se não for, mas tiver boas pastagens, também se consegue alugar/arrendar as pastagens para criação de animais.

Vantagens e desvantagens de possuir um imóvel rural

Vantagens

- Qualidade de vida;

- você se mantém afastado dos grandes centros urbanos;
- sossego;
- contato constante com a natureza;
- autossustento;
- possibilidade de adquirir uma renda extra com a comercialização de produtos ou criação de animais geradas no imóvel rural.

Desvantagens

- Dependendo do local onde o imóvel está localizado, você ficará muito afastado da movimentação;
- há a possibilidade de não ter sinal de telefone ou internet;
- o gerenciamento do imóvel pode ser dificultado, dependendo da sua extensão;
- alto investimento em infraestrutura;
- alto investimento com gastos extras com profissionais que ajudam na administração do local.

Cuidados que deve ter na hora da compra de um imóvel rural

A compra de imóvel no Brasil envolve uma série de cuidados, como a verificação de diversas certidões para que haja segurança jurídica na aquisição. No caso dos imóveis rurais, os cuidados são ainda mais necessários, pois a legislação traz uma série de peculiaridades.

1. **Verifique a matrícula do imóvel**

Essa regra serve para todo e qualquer imóvel. Todos os imóveis possuem um registro no Cartório de Registro de Imóveis de sua competência. A primeira questão a ser verificada é retirar, no cartório em questão, uma certidão da matrícula daquele imóvel e verificar primeiro se o imóvel pertence a quem realmente o está vendendo.

A segunda questão que se pode observar na matrícula e no contrato de promessa de compra e venda desse imóvel é se o imóvel que vai ser vendido respeita a fração mínima de parcelamento. Questão que será melhor explicada em seguida.

Aliado à matrícula, é preciso verificar uma série de certidões, como a CND da Receita Federal, a Certidão de quitação do ITR (Imposto territorial rural), dentre outras.

2. Observe a fração mínima de parcelamento

A fração mínima de parcelamento é a menor área que um imóvel rural pode ser parcelado em determinada região. Em Juiz de Fora/MG, por exemplo, a fração mínima é de 2 hectares, o que corresponde a 20 mil metros quadrados. Portanto, só se pode vender e registrar o tamanho que corresponde a essa medida.

3. O georreferenciamento

Com o fim de se evitar a sobreposição de imóveis rurais, é necessário que o proprietário do imóvel rural realize um procedimento chamado georreferenciamento.

Trata-se de um procedimento que visa a definir a forma, a dimensão e a localização, por meio de levantamento topográfico que toma as coordenadas geográficas do imóvel conhecidas em um dado sistema de referência.

O georreferenciamento é realizado por um engenheiro especializado em topografia rural e é obrigatório a todos os imóveis rurais. Portanto, é importante observar se o imóvel a ser adquirido já foi georreferenciado. E, caso não tenha sido, é preciso observar os prazos legais pra que seja realizado o georreferenciamento. Os prazos foram estabelecidos originariamente pelo Decreto 4.449/2002.

4. A questão ambiental

Uma das questões mais relevantes quando se fala em imóvel rural é verificar as questões ambientais que o envolvem.

a. CAR – Cadastro Ambiental Rural

A primeira delas é observar se determinado imóvel foi inscrito no chamado Cadastro Ambiental Rural, vulgarmente conhecido como CAR. O CAR é um registro público eletrônico obrigatório para todos os imóveis rurais. Tem como finalidade integrar as informações ambientais referentes à situação das áreas de preservação permanente, das áreas de reserva legal, das florestas e dos remanescentes de vegetação nativa, das áreas de uso restrito e das áreas consolidadas das propriedades e posses rurais do país.

b. **Área de Preservação Permanente**

Não é incomum que dentro de imóveis rurais existam Áreas de Preservação Permanente. As chamadas APPs estão previstas do Código Florestal e são áreas protegidas, cobertas ou não por vegetação nativa, com a função ambiental de preservar os recursos hídricos, a paisagem, a estabilidade geológica e a biodiversidade, facilitar o fluxo gênico de fauna e flora, proteger o solo e assegurar o bem-estar das populações humanas (art. 3º, II Lei 12.651/12).

c. **Autuações ambientais**

Outra questão ambiental relevante é verificar se o proprietário daquele imóvel possui autuações ambientais nos órgãos ambientais competentes, como o Ibama, o órgão ambiental federal e o órgão ambiental municipal. Caso exista, deve-se verificar como ficariam eventuais multas incidentes sobre o imóvel e constar essas questões em contrato.

CONCLUSÃO DO CAPÍTULO

A compra de um imóvel rural é ainda mais complexa que a aquisição de imóveis urbanos e deve envolver uma atenção especial, sobretudo por um advogado especialista em direito imobiliário com conhecimento em imóveis rurais.

Adquirir imóvel rural é complexo e exige certa experiência, além de disponibilidade financeira. O agronegócio atrai também investimentos e as propriedades rurais há tempos passaram a ser um ativo financeiro.

Com a chegada da tecnologia e o aumento da participação das cadeias do agronegócio na economia do país, o setor começou a chamar a atenção de investidores e se tornou um bom ativo de multiplicação de patrimônio e também geração de renda mensal.

Investir em imóveis rurais para aluguel/renda passiva também é uma boa opção existente no mercado, porém, como qualquer outro investimento, faz-se necessário um estudo completo do imóvel e cálculos de viabilidade do negócio, pois se trata de um alto investimento, e é necessário que o retorno seja calculado, para se chegar a uma conclusão se será atrativo ou não. Mas como diziam os antigos: "quem investe em terra, nunca erra".

CONCLUSÃO FINAL

Chegamos ao final deste livro, com inúmeras dicas de organização, multiplicação e manutenção financeira. Porém, o meu papel aqui é te mostrar o caminho: o destino será você que decidirá.

Como te disse no início deste livro, a semente deve ser plantada em uma terra fértil e você deverá ter todos cuidados com ela, ou seja, ela deve ser irrigada, adubada, ter todas ervas daninhas retiradas para que sua colheita seja farta.

A prosperidade financeira é algo alcançável para qualquer ser humano. Deus nos deu o bem mais precioso que foi a vida, o restante só depende de nós, ou seja, quem planta colhe.

Se você utilizar este livro como um manual e seguir todos os passos que te mostrei, com disciplina e constância, vai ver que o seu título faz jus ao que foi escrito, ou seja: quem FAZ, enriquece.

Porém, é preciso ter a consciência de que você precisa passar por todas as etapas, e a primeira e mais importe é a organização: sem ela não conseguirá ter sucesso nas outras que virão.

Existe um dito popular que diz: "quem consegue administrar bem o pouco, conseguirá administrar ainda melhor o muito, e quem não administra nem o pouco, pode ganhar milhões que vai voltar a ser pobre".

Portanto, estude bastante esse material, mas coloque tudo em prática, senão vai ser em vão seu esforço.

Espero ter ajudado de alguma forma na sua vida financeira. Estarei sempre à disposição para melhoria dos seus estudos e, consequentemente, da sua evolução nas finanças.

REFERÊNCIAS

ASSAF NETO, A. **Mercado financeiro**. São Paulo: Editora Atlas, 2018.

ASSAF NETO, A. **Estruturas e análise de balanços**: um enfoque econômico-financeiro. São Paulo: Editora Atlas, 2020.

BYRNE, R. **The secret**. Rio de Janeiro: Editora Sextante, 2015.

BODIE, Z.; KANE A.; MARCUS, A. **Investimentos**. Nova Iorque: McGraw Hill, 2014.

CERBASI, G. **Dinheiro** – os segredos de quem tem. Rio de Janeiro: Editora Sextante, 2016.

CERBASI, G. **Como organizar sua vida financeira**. Rio de Janeiro: Editora Sextante, 2015.

CLASON, GEORGE S. **O homem mais rico da Babilônia**. Nova Iorque: Editora Harper Collins, 2017.

CVM; BM&F Bovespa. **Análise de investimentos**. Rio de Janeiro. Coleção TOP, 2017.

CVM; BM&F Bovespa. **Mercado de derivativos no Brasil**: conceitos, produtos e operações. Rio de Janeiro. Coleção TOP CVM, 2015.

DA SILVA, F. A. **Ponto de inflexão**. São Paulo: Editora Buzz, 2019.

DUHIGG, CHARLES. **O poder do hábito**. São Paulo: Editora Objetiva, 2012.

DAMODARAN, A. **Valuation** – como avaliar empresas e escolher as melhores ações. Rio de Janeiro: Editora LTC, 2012.

EKER HARVER, T. **O segredo da mente milionária**. Rio de Janeiro: Editora Sextante, 2010.

ELROD, H. **O milagre da manhã**. Rio de Janeiro: Editora BestSeller, 2016.

FORTUNA, E. **Mercado financeiro** – produtos e serviços. 22. ed. Rio de Janeiro: Editora Quality Mark, 2020.

HILL, N. **Quem pensa, enriquece**. Porto Alegre: Editora Citadel, 2018.

HULL, J. C. **Opções, futuros e outros derivativos**. 9. ed. Porto Alegre: Editora Bookman, 2016.

KIYOSAKI, R. T. **Pai rico, pai pobre**. Rio de Janeiro: Editora Alta Books, 2018.

LOSIER, M. J. **A lei da atração**. São Paulo: Editora Leya, 2021.

LEMOS, F. A. C. A. **Análise técnica dos mercados financeiros**. 2. ed. São Paulo: Editora Saraiva, 2018.

MARÇAL, P. **8 caminhos que levam a riqueza**. São Paulo: Editora Buzz, 2022.

MARÇAL, P. **Os códigos do mindset da prosperidade**. São Paulo: Editora Camelot, 2021.

MARÇAL, P. **Os códigos do milhão**. Bragança Paulista-SP: Editora Yesbooks, 2020.

MENEZES, C. **Princípios da gestão financeira**. 10. ed. Queluz Debaixo, Portugal. Editora Presença, 2001.

NIGRO, T. **Do mil ao milhão**. Rio de Janeiro: Editora HarperCollins, 2018.

VARANDA NETO, J. M.; SANTOS, J. C. S. **O mercado de renda fixa no Brasil**: conceitos, precificação e risco. 1. ed. São Paulo: Editora Saint Paul, 2019.

VIEIRA, P. **O poder da ação**. São Paulo: Editora Gente, 2015.

TZU, S. **A arte da guerra** – edição comentada por Pablo Marçal. São Paulo: Editora Camelot, 2021.

LINKS ÚTEIS

CFG. ANBIMA. Disponível em: https://www.anbima.com.br/pt_br/educar/certificacoes/cfg.htm.

GUIA PLDFT. ANBIMA. Disponível em: https://www.anbima.com.br/data/files/4D/B4/AE/77/739F471017664F476B2BA2A8/Guia-ANBIMAPLDFT.pdf.

https://www.infomoney.com.br/guias/analise-tecnica

https://www.infomoney.com.br/guias/analise-fundamentalista

https://gorila.com.br/blog/melhores-pagadoras-de-dividendos

https://gorila.com.br/blog/fiis-dividendos

https://www.b3.com.br/pt_br/produtos-e-servicos/negociacao/renda-variavel/empresas-listadas.htm

https://exame.com/invest/academy/fundos-imobiliarios-x-acoes-o-que-rende-mais